愛と喜びに生きる

たちのあかし

Aimer, c'est tout donner

もくじ

この本を読む方へ

人はだれでも、この世に生まれたことの不思議を思い、「なぜ」という問いにぶつかることがあるでしょう。なぜ、わたしはこの親から生まれ、このような時代にあって、このように悩み、苦しんでいるのか——。だれでも一度は自分自身の内にある闇のまっただ中で、行くべき道が見えなくなるときがあるのではないでしょうか。「ものすごくぶれている」。もしかすると、自分の状態がこんなふうに見えるときもあるかもしれません。わたしたちは揺れ動く存在。多くのことを心配し、多くのことに悩んで生きています。

この本に残された声、一人ひとりの声、それはすべて人間の声です。人間としてこの世に生まれ、多くの人びとと同じように悩み、苦しみ、もがき、あがいて生きている人間です。しかしこの人びとが他の人びとから、「神父さん！ シスター！ ブラザー！」と呼ばれるには共通の理由《わけ》があります。

この本の中で声を発している人びとは、ある人に出会っているのです。それは、決定的なあり方です。ただひとりの人、ナザレのイエスに出会って、イエスにつながって、一生、イエスに従っていこうと心に決めた人びとです。

「歴史上の人物にどうやって出会うの？　そんなことできるの？　じゃあ、イエスをここに連れて来てよ！」そんな声も聞こえてきます。およそ二千年前に活動した人に出会ったというのは、たしかに眉唾《まゆつば》ものです。信じてください、というのもおこがましい気がします。けれども、修道生活とか、奉献生活と呼ばれるライフスタイルの根底をなすものは、イエスとの出会い、これに尽きるのです。だから、イエスに出会った「わたし」の声を聞いてくださいーーこんな願いのもとに、この本は世に生まれたのだと思います。

この世に生まれた一回きりの人生まるごと、イエスに従う生き方へと変えていく。マリアのように、「この身になりますように」と応えた人びとの声がここにあります。

編訳者　原　敬子

人生すべてを懸けて、イエス・キリストと兄弟姉妹に奉仕をします。
そんな人びとが、今、語り始めます。

―喜びの賛歌―

教皇フランシスコ

あなたにたった一つのことばを語りたい、それは〝喜び〟です。

聖なるものの美しさ、それは喜びです。そう、喜び……

悲しみのうちには、聖性というものはありません。

喜びというものは、取るに足らない飾りものではありません。それは、人間が生きるうえで求められるものであり、根っことなるものです。日常生活の中では、あれこれと思い悩みがありますが、一人ひとり、男も、女も一人ひとり、存在の次元から喜びを待ち望み、そこに居続けたいと憧れます。

世の中ではしばしば、喜び不足が起きているようです。だからといって、わたしたちが大げさな身振りでそれを表現したり、響き渡るようなことばを宣言したりするように招かれているわけではありません。そうでなくても、喜びをあかしすることはできます。この喜びは愛されているという確信から生まれるものです。救われたと思った、あの日の信頼からのものとして、この喜びをあかしするよう招かれているのです。

神さまは、わたしたちを招きながらこう言います。「あなたはわたしにとってとても大切な人です。あなたを愛しています。あなたに期待しています」。イエスはわたしたち一人ひとりにこう言います！ 喜びが生まれているのはここなのです！ イエスがわたしを見つめているその瞬間。その瞬間を悟って感じること、これがわたしたちの喜びの秘密です。神さまから愛されていると感じること。神さまにとってわたしたちは単なる番号のようなものなのではなく、人間だと感じること。そして、その神さまがわたしたちを招いていると感じることです。

自分自身の人生の真ん中にキリストをおいた人は、その人自身の中心が移っていくのです！（もはやあなた自身があなたの中心ではないのです）。

あなたがもっとイエスに一致して、イエスがあなたの人生の中心となっていくなら、イエスは、あなた自身からあなたをさらに解放させ、あなたをほかの人びとへと動かし、開かせてくれるでしょう。わたしたちが中心ではないのです。わたしたちは言うならば「動く」人、キリストと教会に奉仕する者なのです。主イエスに出会って、忠実にしたがう者は喜びのメッセージそのものなのです。

教皇フランシスコ

―希望の賛歌―

アルベール・ロンシャン

わたしは神を恐れません。むしろ、神の不在のほうを恐れています。

教会の奥まったところにあって、だれにも知られることのないこれから紹介することばは、わたしの記憶に深く刻まれています。わたしはイエズス会の中で暮らして半世紀になりますが、今日、どのような形のものであれ、〝奉献生活〟であるなら、それは世俗社会の中でキリスト教信仰を守ってくれるものだと、思い上がった気持ちからではなく、断言できます。なぜなら、修道女たち、修道士たち、さまざまな色彩を放ち、さまざまな霊性に根をおろした人びとは、信仰の中心に人間の歴史を引き受けていくという強い望みをあかししているからです。

おそらくこれからページをめくるたびに、あなたがたは驚かれるでしょう。

この本は、一ページごとに、愛によって、人間性と福音のゆえに、〝思い切って〝自分自身を献《ささ》げた女性たち、男性たちの物語を思い起こさせてくれます。華々しいキャリアとか、あふれ出る強い愛情とか、そういったものすべてを手放すことはありふれた話ではありません。修道院の中で過ごす人生、絶えず同じ共同体の中で過ごす人生、そこには、ありとあらゆる限界や弱さも起こりうるでしょう。それはまさにリスクを引き受けることなのです。しかし、同時に、イエスが最初の弟子たちに向かって招かれた使命を徹底的に進んでいくことでもあるのです。神はご存じです。彼らが大きな欠点をもっていたことを！　キリストを十字架に明け渡してしまったことを！　恐れと裏切り、これが人間です。マリアは十字架のもとで悲しみに打ちひしがれなければならなかったのです。

しかし、キリスト教が誕生するとき、使徒パウロは自分自身の欠点を意識しつつも、自分の回心によって得られた力をわたしたちに伝えることを知っていました。「生きているのは、もはやわたしではありません。キリストがわたしのうちに生きておられるのです」（ガラテヤ二・二〇）。自分自身からの「エクソドス（脱出、出エジプト）」、それは「礼拝と奉仕の道に自らをおくこと」なのです。教皇フランシスコは、二〇一三年五月三日、彼の教皇即位のとき、修道者たちの前でこう強く訴えました。

修道者たちの共同体の生活全体を形づくる三つのキーワードとして、伝統的に言われてきたことばがあります。そう、清貧、貞潔、従順です。これから読んでいくこの本の中で、八十人以上の奉献された女性や男性が彼ら自身のあかしを語ってくれています。その中の一人は、召命の喜びについてこうまとめています。そのまとめ全体を引用したいと思います！　その人の目に映る奉献生活は、「神さまの招きにしたがって、全面的に神の国への奉仕のために、この生活を聖霊に委ね、聖霊の導かれるままになることでしょうね。こういうものはパイロットの自動操縦のようにボタン一つ押してひとりでになっていくようなものではありません。そんなものではなくて、一緒に歩んでくださる神さまとわたしたちの長い歴史、友情のあかしなのです」。

修道生活は一つの生活様式です。洗礼の恵みがわたしたちに指し示す意味深く、寛大な、自由に引き受けることのできる生活スタイルです。イエスが父に自分自身を完全に献げるということ、修道生活はそれを実際に見える形にします。誓願とは、修道者にとって「永遠に続いていく成長」を意味します。清貧の誓願とは、所有や権力からわたしたちを解き放す能力を表現するスタイルです。従順とは、それ自らが目的ではありません。そもそもわたしたちは自分の能力や成功をわざわざ言いふらしたりはしないのではないでしょうか？　それ以上に、日常生活のさまざまなチャレンジを引き受ける必要があることを知らなければならないでしょう。従順は、要するに、わたしたちの内的自由の表現方法、あるいは、一つの生きる世界を表していきます。貞潔の誓願については、おそらくこれが最も手ごわく、最も脆《もろ》いでしょう。しかし、貞潔はわたしたちがすべての人に対してすべてであることをゆるします。貞潔は、イエスがすべての人にあかしした愛のしるし、豊かな人であっても、貧しい人であっても、すべての人に対して示した愛のしるしとなることを可能にします。暴力の猛威に脅かされたこの世の中で、宗教と宗教の間に、また、わたしたちの教会の中にもそのようなことは起こっていますが、日常の荒涼《こうりょう》たる風景を前に、わたしたちは希望をもち続けます。
あなたは、これからページをめくっていく中で、ありふれたお話、あるいは、胸を打つようなあかしに出会うでしょう。そう、でも、わたしはあなたに一つのことを約束します。時間をとって、ぜひ、読んでみてください。幸せが待っています！　ユーモアで言うわけではないのですが、これはほんとうにシンプルな喜びだと思うのです。

イエズス会司祭　　アルベール・ロンシャン

―証言集―

奉献された人びと

一　深みよりの声

大切にしている一枚の写真があります。富士山に向かう長い道で、一人両手を広げ、気持ちよさそうに深呼吸している二十歳の写真です。黙想会で訪れた聖心会《せいしんかい》裾野《すその》キャンパスでの一コマ。受けたばかりの洗礼の喜びと、奉献生活への思いが重なっているようです。

数々の出会いを通してこの生活に導かれましたが、一つには、「たとえわたしがどれほど罪深くても、人を殺したと言ったとしても、このシスターは決して見捨てないだろう」と思う、聖心会のシスターとの出会いがありました。「人間の弱さ」や「人生」というものに対する洞察の深さとも相まって、「血縁の家族でもないのに、なぜ……?」という問いが、頭から離れなくなりました。ある日、その秘密はイエスとの深いかかわりにあること、さらに奉献生活が本質的にもつ自由さがそうさせているのでは……と思い至ったとき、同じ生き方ができたら、と願いました。いまだ遠い道のりです。

「アレルヤアレルヤ　東の空に星を見て　すべてをおいて神を拝みに来た」。入会後、ベトレヘムの星のように、目指すものははっきりしていても旅程表はないかのような旅が始まりました。自分の小ささを意識するたびに、「受けるよりも与えるほうが幸い」（使徒言行録二〇・三五）という経験に促され続ける日々。けれども、それはクリスチャンや奉献生活者の専売特許ではありません。「愛する者は皆、神から生まれ、神を知っている」（一ヨハネ四・七）とありますが、世の中には良心そのもののような人、他者のために献身的に働く方が、たくさんいらっしゃいます。神さまの大きな家族の中で、教えられることのほうが多いわたしが、なぜ、この生活に呼んでいただいたのか、ほんとうに不思議に思います。しかし、はっきり言えることは、奉献生活は、わたしにとって幸福な人生への招きであり、仮に、もう一度生き直せるとしても、またこの生活に召されたいと心から思うということです。

富士山に向かう道で、全身で体験したあの喜びは、決して色褪《あ》せることはありません。感謝のうちに、「み心に近くいさせてください」と祈りつつ、今日も、同じ使命を共有する仲間と共に、イエスのみ心を知りゆく旅を続けています。

―マミ―

二十四歳の誕生日プレゼント

高校を卒業して、いろいろなところで働きました。仕事はどれも好きでした。ただ、責任を取りたくはありませんでしたので、役職のようなものに就けられそうになると転職していました。また、会社の利益のために仲間がクビにされるのを見るのはとても心が痛みました。

ある青年のための黙想会で、ある修道会出身の司教様が「二十五歳までには、山に登らなければならない」と言ったのを聞き、道を定めたいと思うようになりました。そのころ、イエズス会の神父様に誘われ韓国への巡礼に行きました。そこで出会った韓国人のおじいさんは、屈託のない笑顔で、日本語でわたしに話しかけてくれました。彼が「占領時代に日本語を無理やり学ばされたが、そのおかげで今こうしてあなたと話ができてうれしい」と言うのを聞いて、衝撃を受けました。このおじいさんとは、イエス・キリスト以外何もつながりはない、しかも日本人のわたしに、恨み言一つ言わずにこんなに親切に話してくれるのです。幼児洗礼でそれまで当たり前のように教会に行っていたわたしは、イエスのゆるしの力のすごさにあらためて感動しました。

わたしは、通っていた小教区に奉仕していたアウグスチノ会の兄弟たちが一緒に住んでいるのを見て、いつも不思議な魅力を感じていました。それまで、一人で生活している司祭しか見たことがなかったからです。ある日、そのうちの一人の神父様が、わたしに神学の勉強を勧めました。修道会に入れとは言いませんでした。しばらく考えさせてくださいと言って数日後、彼に伝えたわたしの答えは、「アウグスチノ会に入れてください」でした。彼は「喜んで」と言ってくれました。その日は、二十四歳の誕生日でした。

入会してわかってきたのは、奉献生活の中で、「あなたは、わたしが飢えていたときに食べさせ……」ということばは、わたしたちの心をほんとうに貧しい人びとにはもちろん、共に住んでいる兄弟にも向けなければならないということです。兄弟たちと、泥くさいほどに生の感情をぶつけ合うこともあります。それでも日々イエスにしたがう決意を新たにし、信仰、希望、愛のうちに共に生きる中で、兄弟からゆるされ、愛され、新たにイエスに出会い、兄弟をゆるし、愛することを学び取っていきます。奉献生活は、兄弟たちに助けられて回心しながら神に向かって成長することです。聖パウロのように、聖アウグスチノのように、聖フランシスコのように。

―フトシ―

神さまはどうやってシスターを呼び出したの？
電話をかけてきたの？

これは、教会学校の要理クラスで子どもたちがわたしに投げかけたことばです。いえいえ、神さまはわたしに電話をかけたりはしませんでした。そうではなくて、お母さん、お父さんからの愛をいっぱいわたしに浴びせてくれたのよ、お母さんの膝の上で神さまへの祈りを覚えたのよ、って子どもたちに答えました。

―アンヌ＝エリザベート―

イエスとの生き生きとした関係に、出会いの中でだんだんと目覚めていったのです。

わたしが小学生だったころ、自分の信仰に強い自信をもっているプロテスタントの子に出会いました。友達は皆、彼が聖書を読んでいることを知っていました。彼の存在が、わたしが十二歳のときにプレゼントでもらった聖書を読み直そうという気にさせたのです。当時、ローマの信徒への手紙に関するエキュメニズム（カトリックとプロテスタントの一致運動）による翻訳が出版されていました。最も難しいテキストから読み始めてしまったということも気づかないまま、興味をもって読むことができたと思います。二十歳になって、学生担当の司祭に「主が司祭になるように呼びかけるなら、どのように反応したらいいのでしょうか？」と聞きました。わたしは、毎日、ミサに行く習慣を身につけていました。一九六八年の五月革命前夜のことです。社会科学は信仰の問いに根本から直面していました。わたしも答えを探していました。

実際、わたしを取り巻く快適さや、安心感といったものは崩れ去っていました……　どうすることもできない自分自身の死と直面した時期でした。若い仲間と一緒に行った聖体礼拝、モンマルトルのサクレ・クール聖堂によく通いました。それがわたしを神へと開かせてくれたのです。自分自身へ、他者へと開かせてくれました。聖なる秘跡のうちに生きておられるイエスは、生きる理由など何も問わず、ただ、わたしの人生の中心になってくださいました。わたしが一緒に通っていた若い仲間は皆、使徒的な熱《ねっ》誠《せい》に包まれました。この熱い炎がわたしの心の中で決して消えることはありません。そういう熱心な空気の中で、わたしは修道生活など特別に考えることもなく、子どものような召命の感覚、単純に自分の召命に出会っ

たのです。わたしの召命は単なる一時的な情熱ではないと確信しました。けれども、主の呼びかけに、どこで応えることができるのでしょうか？　そうしているうちに、わたしの仕事の同僚が、カルメル会を紹介してくれたのです。自分自身、そんなことはまったく考えなかったと思うのですが、修道生活は、何かしら、司祭の召命を具体化するためによい方法のように思えました。実際、カルメル会は観想修道会であり、同時に、使徒的使命も果たします。三十三歳で修練院を始めることはそんなに簡単なことではありませんでした。しかし、忍耐強い修練長のおかげで、聖アウ

グスティヌスの洗礼の祝日に、わたしは荘厳《そうごん》誓願を宣立することができました。その日は神のいつくしみの主日の前日でした。

―フランソワ―

ある朝、観光目的でルルドに行ってみようと思ったのです。マッサビエルの洞窟にたどり着いたとき、圧倒されるような沈黙に包まれました。

長い時間、マリアさまを見つめ続けました。

そして、今でも覚えています。目を閉じたの

ですが、眩《まぶ》しかったからだと思います。そのとき、わかったのです。人生というものは、わたしたちのほうから与えるために、与えられたのだということを。ショックでした。それから深い内省のときがあり、ほんとうに自分のうちに召命を感じましたが、この決心について両親と話すためのときを待たなければなりませんでした。両親はわたしの性格を知っていましたので、それは無理だと思っていたようです。今までの生活を続けたらいいじゃないか、旅行をしたらどうだ、スポーツでも始めてみたら、と言ったのです。わたしの選びが確実なものとなるためには時間が必要でした。

ですから、言われたとおりの時間を過ごしたのです。しかし、一年後、両親は、わたしの決定を受け入れることとなりました。後に、彼らもほんものの幸せというものを感じました……

わたしはマルセリーヌ修道会に入りました。百人くらいの国籍の異なる子どもたちが暮らす寄宿舎を訪問し、自分にとって理想的な人生を描けたのです。子どもたちにフランス語を教えながら、世界中から来ている生徒たちにキリスト教信仰を伝えるチャンスを得たということです。

――エレーヌ――

カ

トリック信仰の中で育ち、青年時代は過去の古い考えにどっぷりと浸《つ》かっていました。

とはいえ、自分の奥深くにある何かを探っていましたし、この世の中の真理を、わたしがまだ見つけていない人生の意味を探していました。生まれつき、わたしは軽い障がい（視覚障がいと麻痺《まひ》）を抱えていました。結婚の数年後、三人の小さな子どもを抱えた未亡人になってしまいました。

絶望の淵《ふち》に落とされました。けれども、教会の人びとがわたしの家族を守ってくれました。母は、絶望した人びとの守護聖人である聖なるユダの本を教えてくれました。三年間、寝る前にはその本の中にあった祈りを毎晩唱《とな》えました。一九九七年、教皇ヨハネ・パウロ二世によってイエス・キリストの生活を祈るために制定された年、聖霊によって背中を押され、聖なるキリスト復活徹夜祭に与《あずか》りました。この夜、ミサの間、わたしのうちから否定的な力が外へ出て行き、十字架上のイエス・キリストの心臓の傷へと昇っていくのを感じました。内なる苦しみがなくなっていくのをじっと見つめていました。強い

喜びに満たされ、完全な平和を感じました。その後、十八年間の歳月が過ぎましたが、今日もあの日の喜びが続いています。そうです、意気消沈した思いが過ぎ去ったのです！　イエス・キリストが生きているとほんとうにわかりました。イエスはわたしを愛しています。彼が語ったことすべて、ほんとうのことです！

―アニエス―

「神は愛です」

五十年前、このイエスのことばはわたしにとってより具体的になり、心の奥深くから一つの呼びかけが立ち上がってきたのです。もちろんそれへの答えがはっきりとするまでに時間がかかりました。専門的な仕事（子どもたちのそばにいること）や、カトリック・アクションにおける青年司牧活動で果たしていた責任、そして、自然の美しさを発見することなど、すべてがわたしを満たしていたのです。

若い人びとと一緒にいたとき、特に、もう一歩を踏み出さねばならないと感じていました。このようなことを識別していたとき、いろいろな神父様たちや友人が助けてくれました。

ある修道会の方々とバカンスを過ごしたとき、その人びとと一緒に生活をする中で、修道会への召命へ導かれていきました。わたしは、そこで、主を賛美する生活、共同体の中で兄弟的生活を営むこと、それらが喜びを生み、和解をもたらすことを知ったのです。主がわたしを招いてくださったのです！

家族と離れ、教員という専門職、青年司牧をおいて、もう一つの文化、「神は愛です」というイエスのことばがわたしに何かを語っていることを発見させてくれるような別の文化のもとへと旅立っていきました。

しかし、ノビシア（入会して修行する期間、修練期または修練院）が終わって使徒的な働きへと派遣される際、驚いたことに、障がいをもつ人びと、子どもたち、若い人びとのところへとわたしは遣わされました。主は、わたしがおいてきた仕事を取り戻されたというわけです！

「神は愛です」ということが何を言わんとしているのか、だんだんとわからせていただける喜びや苦しみを通して、さまざまな活動を行い、さまざまな責任を取りながら、奉献生活の中で五十年間、献身してきました。小教区の司祭が、お別れの際にこう言いました。「神は愛です。愛にとどまる人は、神の内にとどまり、神もその人の内にとどまってくださいます」（一ヨハネ四・一六）。

わたしたちの主と共に、自分自身の道を進みます。信頼と喜びのうちに。なぜなら主はわたしたちにおっしゃるからです。「わたしは世の終わりまで、いつもあなたがたと共にいる」（マタイ二八・二〇）と。

――フランシスカ――

「みこころが天に行われるとおり地にも行われますように」

こう祈ったときでした。とにかく、神さまはわたしにとって（もちろん、ほかの人にとっても）最もよいことを知っている、わたし以上に知っておられると思ったのです。とはいえ、司祭になりたいなどと考えたことは一度もありませんでした。けれども、神さまはより良いことを知っておられ、しかも、わたしが幸せになることを望んでおられると気づいて、祈りが終わったのです。そこから、修道生活というものが存在するということを発見し、特に共同生活を望んでいましたので、ドミニコ会員になりました。

そうですね。あれから何年もたって、いろいろな変化もありましたが、ひとつ言えることは、神さまはほんとうにわたしをがっかりさせないということです。人生はいつも易しいわけではありません。けれども、何物もキリストの愛から離れさせるものはないのです。わたしたちがその愛に応え続けるならば。神さまと共にいることはほんとうにすばらしいことです。それによって、ほかの人びとをよりよく助けることもできるのです。

—シャルル—

神さまの招きを聞いたあの日、
幸せな思いがこみ上げてきて泣きました。
幸せ、あの日から決して失うことはありません……

―マリー＝ポール―

十

九歳のとき、一九五一年九月十二日、アッシジにある聖フランシスコのお墓で、祭壇に向かってひざまずき祈りました。そのとき、わたしの心の奥深くに何か響くものを感じたのです。「もし、あなたがイエス・キリストのためにすべてを断つならば？」と。はっきりとした声というわけではないのです。何か、心の奥から昇ってくるようなもの、ひらめきのような。けれども、それはずっと消えず刻まれていました。神さま、ありがとう！　それから、霊的な同伴を受け始めました。その後、イエスの方からの呼びかけを、彼の十字架の前で、わたしの深いところから聴いたのです。「あなたのために、わたしはすべて失うことを受け入れました」。とはいえ、さらに別の問題がありました。

神さまに「はい」と言います、けれど、どこなの？　親しく修道会に通い始めた後、この問いかけは奉献生活を意味していました。確かに、聖アウグスティヌスのシスターたちの会でした。けれども、どうして？　わたしは幸運にも通商のディプロマを取得し、シスターたちの印刷所で働いており、小教区の会報を見ていました。こんな小さな会報、地味すぎる。毎月、二十万以上の家庭に配布できたら。もっと改善できたら。わたしがここで働くことができたら、そうしたい。信徒にも開かれた祈りのときに、シスターたちの生活、熱心な仕事ぶり、彼女たちの喜び、彼女たちの優しさに触れ、そういうことすべてがわたしを魅了しました。

―クレール―

主イエスがここで喜びをもたらすようにと望まれました。たくさんの「神さまからのしるし」を通して、わたしに理解させてくれました。

ある地方を旅しているときでした。カルトジオ会を囲っている高い塀を見て、不思議に思ったのです……　しかし、そこを過ぎ去るだけでした。何年かが過ぎ、黙想のためにこの場所に戻ってきました（むしろ「もう一度見るため」だったと言えます）。それは最初の口づけとなったのです。ありとあらゆるものが並外れた沈黙の中で歌っていました。もう、天国にいるのかと思いました。迎え入れてくれたブラザーの輝き、神さまを映す真の窓のようであり、ああ、ここは何かがある、ここには美しいものがあると教えてくれました。飾りのない聖堂、その中で行われる典礼もほんとうに質素でした。孤独で静寂のうちになされる働き、わたしへと向けられた信頼感、祈りの雰囲気、その場の美しさ。そうです、それらすべてがわたしを招いていました。だから、初めから、ずっと、もっと強く、もっと響き渡るような声になっていくために、望みへと発展していくような魅力がありました。「来なさい！」という声になっていくような。カルトジオ会が招いている隠遁《いんとん》修道者への召命には二つのタイプがあって、ブラザーとしての召命がわたしの適性や働き方にふさわしいものでした。わたしにとって必要な場所でした。つまり、共同体での奉仕で、手作業で働くことができ、孤独な一人きりの祈りを広げることも可能ですし、また、真夜中の共同体でのミサや教会の祈りのうちに深く根ざすこともできます。

「主はわたしを愛し、わたしのためにご自分を渡された」。毎日、毎日、自分自身の人生を主に献げるということの愛に、主イエスが応えてくださっているのです。倦《う》むことのない神さまの忠実さが先にあって、わたしはその忠実さに根ざしています。確かに、このような人生は簡単なことではありません。キリストにしたがうということはそんなに簡単なことではないのです。聖書ではしばしばこう述べられています。それはじつにシンプルなことです。「すべてを捨てなさい」。特に難しいのは、自分自身を捨てるということです。しかし、イエスは

こうも言っています。「人間にできないことでも、神にはできる」と。もし、あなたが呼ばれていると感じるなら、恐れないでください。そして、あなたの答えを無駄に引き延ばさないでください。あなた自身を神さまの腕の中に委ねるのです。信頼して。そうしたとして、もしかしたらそれは間違えだったとわかるかもしれません。そうだとしても、大切な時間は失っていません。逆に、主イエスはいつ

もあなたに道を示すためにそこにいてくださることを知るでしょう。マリアも祈りとともにわたしたちを守って、共にいてくださいます。そうです。すべては恵み、神さまからの賜物《たまもの》。与えられたプレゼントなのです！　主イエスがわたしにここで喜びをもたらすようにと望まれました。

―カルトジオ会士―

孤独のうちに、主ご自身がわたしを満たし、主と共に、主によって、この世を愛するようにしてくださいました。

わたしの人生最後の折り返し地点で、謙遜《けんそん》で、静かに、ずっとわたしのそばにいてくれた主イエス、終わりのない憐《あわれ》みのうちにわたしを待っておられた方に自分自身を委ねました。「母の胸の中に抱かれ、その恵みによって呼ばれる」ままにその道を選びました。
神の栄光と世の救いのために！

―ミシェル―

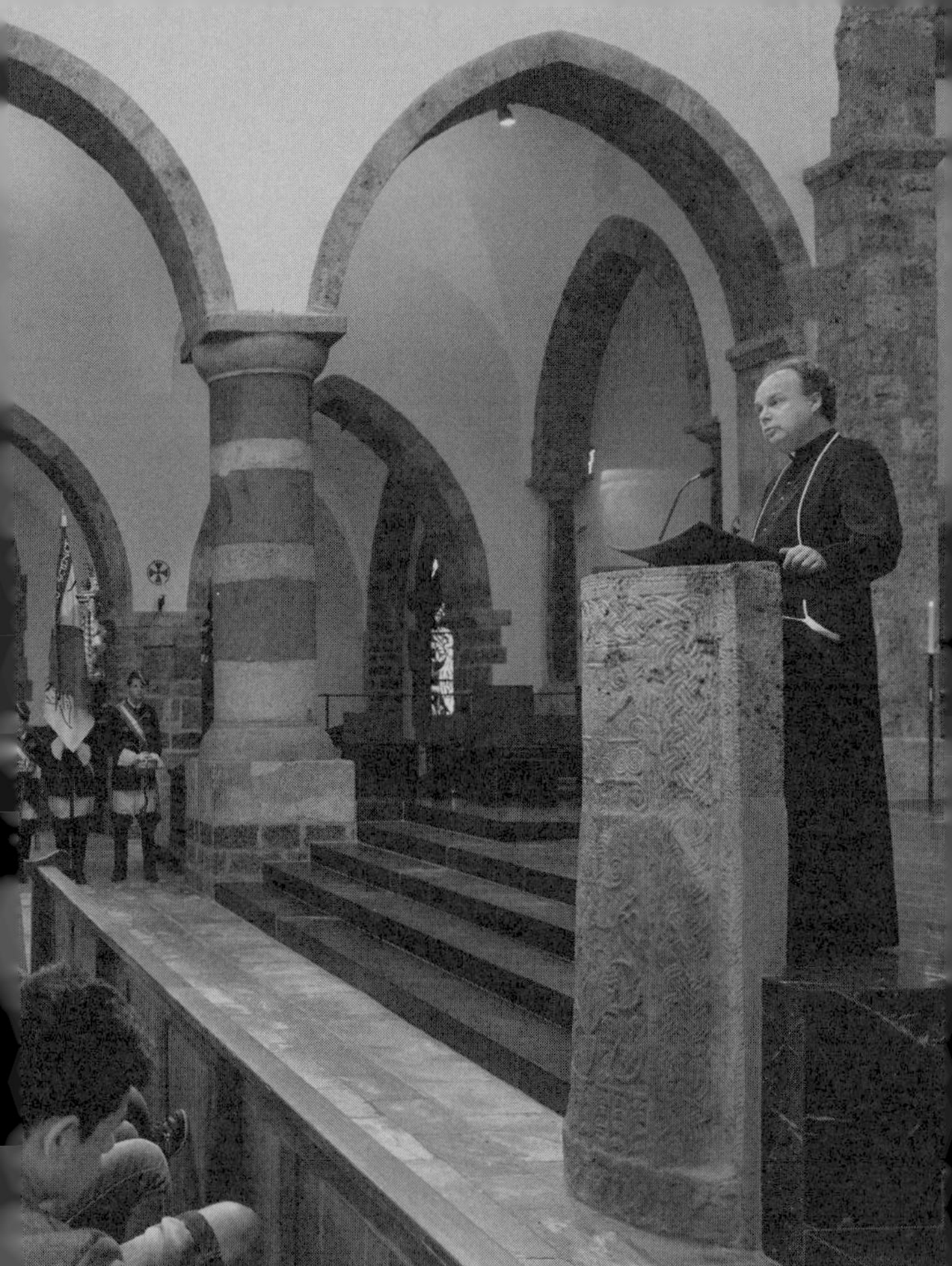

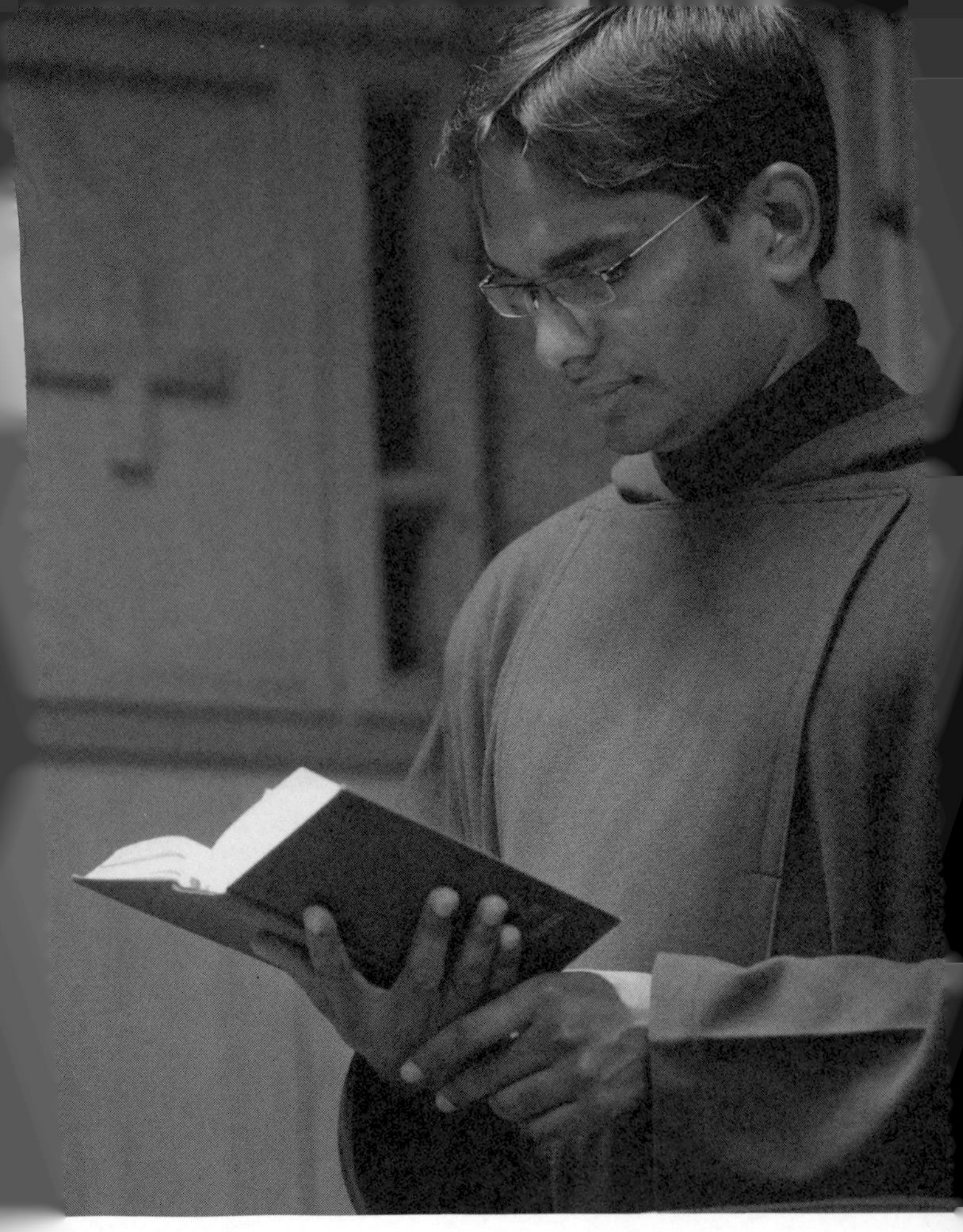

二　あの日の光

奉献生活？　そのことば自体はわたしにとって何の意味ももたない表現、何かなじみのない言い方です！

……と言ってもです！　三十三年間、わたしはイエスの小さい姉妹会のシスターです。わたしが働いている大きなスーパーマーケットで、同僚たちはわたしの人生が神さまに召されたものだということを知っています。夫もなく、恋人もなく、子どももなくても……　テレビもなく、スマートフォンもなく、携帯電話さえ持っていなくても！　え？　バカンスですか？　セーシェル諸島やカナリア諸島への豪華な旅行はしませんが、山に行って、砂漠のようなところで一人きりで何日か過ごすことはあります。ただ、聖書だけを持って！　だからといって、この人生がいかめしい禁欲生活だと言っているのではありません。むしろ、本質的なものを探しているというか、真の喜びを探究しているのです！

そう、わたしの人生は初めから神さまに刻まれたものです。「母の胎内

に形づくられる前から、わたしはあなたを知っている。母の胸からあなたが独り立ちする前から、わたしはあなたを聖なるものとした……」（エレミヤ一・五）。

子どものころのあの思い出が目に浮かびます。わたしはまだ学校に行く前の小さな子どもでした。父の木工アトリエの中で遊んでいたときです。何かしら、ある人のほほ笑みに出会ったのです。子どもだったわたしにシスターのほほ笑みがフラッシュのように輝いたのです。そのときから、わたしの内なる野心がこう言っていました。「大きくなったら、わたしはシスターになるんだ！」　もちろん、そのころ、奉献生活とは何か、ということなど何もわかっていません。シスターというものが何か、まったくわかっていませんでした。けれども、直観的に、この女の人がいかに幸せで、わたし自身もこのような幸せな人になりたいとほんとうに思ったのです。何年か後、十字架上のイエスと決定的な出会いがありました。十字架に至るまで主イエスはわたしを愛しておられる！　なんという神さまの辱《はずかし》めなのだろう。与えられたこの愛は、だれにも、何にも強制したりなんかしない。この愛は、ただ、応答されることだけを待っている。わたしはどのように応えたらいいのだろう？　わたしの心の深い奥底に、招きのようなものがありました。「すべてを与えなさい。夫をもちたい、子どもが欲しいというあなたの夢さえも……」。抵抗感、拒否感、逃げ出したい気持ち……「はい」という応えによってわたしは幸せになるということを自分が理解するその日まで、揺れる気持ちは続きました。ささやくような小さな「はい」がかろうじてあって、喜びの泉がすでにあるのを知ることができました。二十歳でした……　わたしにはとっても親しい彼がいて、互いに好意を抱いていました。考えなければならないときでした。ジレンマがありました。どのように選んだらいいのか……？　この期間、小さな村で小学校の教員をしていました。ある夏のこと、イエスの小さい姉妹会のと

ころで行われた体験学習に参加しました。その生活をよりよく知るためです。

二十三歳……　決断するためのときが実っていました。わたしにとって、独身の生活で神さまに自分の人生をすべて献げるという思いがとても強くなっていたのです。そして、イエスの小さい姉妹会に入会しました。

―アニー・ミリアム―

かなり早い時期から修道者になりたかったのです。とはいえ、現実にそうなるとは思ってもみませんでした。

わたしはシスターたちのことを知らなかったのです。わたしが出会った女の子たちは、わたしよりずっとすてきな子たちでした……

確か、五歳か六歳のときだったと思います、二つの聖書の箇所が心にとまりました。「あなたの国とあなたの両親を離れて、わたしの示す国に行きなさい」（創世記一二・一）。もう一つは、「罵《ののし》られ、辱められ、彼は口を利くこともできなかった。屠《ほふ》り場へと連れて行かれる羊のように」（イザヤ五三・七）。それから、自分のうちに秘めた聖書のことばを抱えながら十歳になりました。わたしにとって、母がいちばんの信頼できる人でした。彼女はあるとき、台所で、わたしにこう言ったのです。「シスターでありながら普通の生計を立てることはできないわね」と。それから十年後、同じその台所で、ブザンソンの聖家族修道会に入る気持ちがあることを母に告白しました。母はわたしを抱きしめました……　母の涙がわたしの頬に伝ってきました。

――パスカル・ドミニク――

大きくなったら、シスターのようになる！

わたしが七歳のとき、小学一年生だったのですが、担任の先生はウルスラ会のシスターでした。わたしはこのシスターがわたしたちを見つめるまなざしにとても感動していました。わたしたちはいろんな社会階層からの子どもたちでしたし、一人ひとり能力の違いはものすごく多様だったんです。わたしたち一人ひとり、彼女のまなざしの中で、たった一人のユニークな子どものように存在していました。彼女はたった一つの望みによって、一人ひとりにまったく同じように接していましたし、同じく一人ひとりに自分を与えていました。たった一つの望み、それは、ほかの人びとへの深い尊敬のうちに、一人ひとりが自分の最上のことを行うことができるようにすることでした。彼女のまなざしはわたしに深く染み込んでいたのです。

それで、わたしが青年期に入ったとき、自分の将来を考えなければならなくなって、このシスターを思い出したんです。そこで、数日間、わたしに深く影響を与えたこのまなざしの秘密を知ろうと思い、修道院で過ごさせてもらいました。

そのとき、イエスと一緒に静寂のときを過ごす中で、姉妹的な共同体生活の中で光を汲《く》みとっている女性たちを見ました。彼女たちはより良いことのために奉仕することができるよう、自分の財と自由を皆のものとしていました。キリスト者の生活を生きるこの方法を見たとき、これこそ人の幸せのために働くように呼びかけられている形だと、大きな感動を覚えました。そして、わたしもやってみようと思ったのです。シスターのようにするということではないのです。そうではなくて、自分自身のいのちの道を生きるためにわたしはそこに留《とど》まりました。

―アンヌ＝ヴェロニク―

あかすこと。それは、神さまがわたしたちにあかしされる燃える愛を宣言すること……彼の愛を。イエスの歩みにわたしたちの歩みを重ね合わせる旅、とても情熱的な旅です。

これといって特別なことはないかもしれない、今日、ふりかえってみると明らかです。

神さまのちょっとした合図はどれもこれもすべて、人間味にあふれています。いくつか例を挙げてみますね。

わたしが八歳か九歳だったときのこと。芝生のあちらこちらに、数え切れないほどのデイジーの花が太陽の光を浴びて咲き誇っていました。その光の輝きの風景は絶対に忘れられないものです。あの小さな花、デイジーの花びら。マーガレットの花でもいいのですが、そのような小さな花たちが美しくなければ、何がいったい神の美しさと言うのでしょう？　この神さまの美しさをわたしは見たいと強く思いましたし、神さまのお

られる天を知りたかったのです。神さまに対して郷愁を感じていましたし、そのために涙したりもしました……　それは、幸せ。そう、いえ、同時に苦しみでもありました。主イエスへの強い思いを感じたのだと思います。わたしは絶対を求めていたのです。ほんものの喜び、終わらない絶対というものを求めていたのです。わたしにとって現実的なものはただ、何かしら続いていくというものです。だから、時間はものすごく早く過ぎていくように感じました。終わらない何かをすぐにでも引き受けていかなければならないように感じていました。

同時に、まったく過ぎていかないような毎日もありました。夜のような、トンネルの中を通っているかのような……

わたしたち人間が神さまという概念を発明したとしたら？　思春期のころのわたしは、こんなふうに考えて、人生の意味をまったく失ってしまったようでした。なぜ生きるのか、善とは何か、自問自答していました。母親に「どうしてお母さんはわたしを産んだの？」「もう生きたくなんかない」と叫んでいました。十字架上のキリストの姿がわたしの心を動転させ、それからというもの、少しずつ、光に立ち返っていったのです。わたしの人生の意味は、イエスだったのです。わたしは生き返ったように感じました。

神さまだけが、わたしたちのうちにあるこの幸せへの渇きを癒やしてくれます。神さまだけが、絶対的な心の渇きを潤してくれるのです。これが、わたしの存在のもっと奥深くに入っていきたいと望んでいた一人の青年に対する、わたしのまっすぐな応えでした。

―マリー＝クレール―

あなたがわたしを選んだのではない、
あなたが行って、実を結び、あなたの実が残るようにと、
わたしがあなたを選んだ（ヨハネ一五・一六）。

このイエスのことば、十歳か十一歳のころ、学校で、小教区の主任神父がわたしにくれたご絵に書かれたことばでした。このことばがわたしの心に刻まれ、わたしの人生をずっと同伴してくれました……　特に、迷ったときには、いつも、主のこの選びを思い出すようか細い声を聴いていました。

—パウラ—

ぼくは神父になりたくなかった?!

小学五年生のとき、社会の授業で「将来、自分がなりたいものを十個書きなさい。そして、なりたくないものも十個書きなさい」と言われ、鉄道マニアのわたしは迷わず、今の「JR東日本!」、そして小田急ユーザーだったので「小田急電鉄!」と書きました。そしてなりたくないものも迷わずに「神父!!」なぜって? だって一に、結婚できない! 二に、金儲《もう》けできない! 三に、日曜日まで働いていてバカじゃないか!と思っていたからです。

そんなぼくが司祭にならせていただきました。自分の願いとは裏腹に……でも、志願院に入る前から教会に行くのはとても好きでした。それは、当時の壮年の方々や青年たちから教会活動や奉仕活動によく誘われて、ノコノコとついていくのが楽しかったから……　そして、教会の活動や日曜学校のキャンプで大人の人たちが、わずか中学生だったぼくにいろいろなことを任せてくれたから……　だから、「教会でのさまざまな奉仕を通して、それがきっかけになったのかなぁ」と、今ではふりかえることができます。

だから今でも旧約の預言者ヨナの気持ちはよくわかります！　神さまってかなり強引ですから……　イエスさまですら「あなたがたがわたしを選んだのではない。わたしがあなたがたを選んだ」（ヨハネ一五・一六）とまで言い切って、狙った獲物は絶対に逃さない！（笑）　だから、「ぼくを司祭にしたのは、イエスさまご自身だ！」ということは人一倍感じています。だからぼくの祈りって「神さま、アンタがぼくを司祭にしたんだから、アンタが何とかしてくれなければ、ぼくはどうにもなりませんからね！」って毎日、神さまに訴えています。

自分の願いは叶《かな》わなかったけど、使徒職という奉仕を通して毎日、「神さまがこんなぼくを使ってくれている！」という喜びは、まさに司祭にならせていただいたからこそのものです。だから、奉献生活の喜びって〝使って〟くれる神さまに〝仕えて〟いくところにあるのですよね。

―ナオキ―

それが主ご自身だと、どうやってわかるのでしょう？

聖アウグスティヌス会のシスターたちを知ったのは、わたしが十四歳のときでした。義理の叔母とわたしは、彼女たちのことをあまり気に入ってはいませんでした。だって、わたしたちの生活の何かを「変える」ように強いてくるのですから。あるとき、両親はわたしに、フランス語を学ぶためにスイスに留学に行くようにと提案してきました。しかし、まったくその気にはなれませんでした。とはいえ、わたしには選ぶ権利がなかったので行かざるを得ませんでした。

わたしは、シスターたちが住む家に下宿することなどまったく知らなかったのです。「修道女たち」は――パンフレットにはそう書いてあって、わたしたちのために「姉妹」とは言いたくなかったようですが――若い力でみなぎった体と魂を備えた女性たちであることはわかりました。そういうわけでわたしは納得し、そして「ボンヌ・スール（古臭いシスターたちという意味で用いられるフランス語）」を目の前にして、完璧に驚いてしまったわけです。

どうやって神さまがこの人たちを呼んだの？　どうすればほんとうに神さまが呼んだってことがわかるの？　三年のち、聖アウグスティヌス会を出て印刷技術の勉強に入りました。地元の若者たちのグループの中で生活していたころ、ランフトという小教区の巡礼に参加して、フリューの聖ニコラスを見に連れて行かれました。あのときの聖ニコラスが、彼の生涯の奉献を模範に、神さまにわたしの人生を献げるよう導いてくれたのです。

一九八〇年の最初のころでした。テゼで行った黙想の中で、主イエスにわたしからの「はい」を捧《ささ》げました。

―クラウディア―

わたしの家ではフランス語とドイツ語をしゃべっていました。わたしは八人きょうだい（男の子四人、女の子四人）の五番目。活発な子でした。中学生時代、青少年たちの教会のグループに属していましたが、シスターになりたいとは思っていませんでした。とはいえ……このとおり。

上の姉は看護師で修道院にいたのですが、彼女はノビシアのころからとてもすてきな手紙を送ってくれていました。ある年の冬、寒さが厳しくて彼女は肺炎にかかってしまったのです。そのころはまだ抗生物質がなく、病気になって九日目、二十歳で亡くなってしまいました。お葬式はその修道院で行いました。一九四一年の復活の月曜日、わたしの村の教会司祭が姉のためにすてきなミサを捧げてくれました。このミサの最中、わたしのうちから声がはっきりと聞こえたのです。「あなたが彼女の代わりになる」。わたしは十四歳だったのです。主からの呼びかけにしたがって、六十四年間の修道生活を送っています。四十五年間は教師として働きました。自分の召命を疑ったことはありません。わたしは今日もこの召命に喜んでいます。

共同体生活で生きるおかげだと思うのです。一緒に祈りを捧げること、聖書を読んで深く味わうこと、教会での奉仕、貧しい人びとへの奉仕、家族との関係性も含めてすべてが神のうちに生きるということを助けてくれます。

―カンディード―

十二歳のとき、神さまと人びとに人生を献げたいという深い望みがありました。十六歳のとき、わたしの共同体のことは知っていました。シスターたちのうちに満たされていた喜びが大好きでしたし、どんなに仕事で忙しくてもちゃんと保たれている聖体礼拝の祈りや、共同体での教会の祈りが大好きでした。

識別と探求の長い時間を経て、サン・モーリスのシスターたちの共同体に受け入れてもらいました。何年間かの難しい時期ののち、終生誓願を宣立しました。

自分の人生において、たくさんのチャンスをいただきました。神さまは、いつも、わたしを助けてくれる人、わたしの歩む道を信じてくれる人を送ってくださいました。わたしは、神さまとの関係性のうちに、「はい」と言って進む力を汲んでここまで来ました。

―アンヌ＝ヴェレーヌ―

わたしは一九三七年に生まれ、子どものころから人生の中で何か大きな出来事を実現したいという望みを抱いていました。

十七歳のとき、人生のすべてを神さまに献げ結核で死んだ少女の伝記を読みました。この話はわたし自身に何かしらとても大きなものを残し、その後、わたしも同じように自分の人生を神さまに献げたいと願うようになりました。けれども、時が過ぎ、二十歳になったとき、この奉献をどのように具体化すればいいかを考えてしまいました。修道会に入ることに魅かれはしませんでした。人びとの生きている世界で生きたかったのです。神さまに全面的に自分を献げるということと、人びとの世界で生きるという望みとがうまく合わないと感じていました。ある人が、フォコラーレ運動について話してくれ、キアラ・ルービックの本を読み、次のことばに強く呼びかけられるのを感じました。「ごらんなさい。これこそこの時代にとって魅力的なことでしょう。世の真ん中に居続ける人、人びとの間に存在する人、その人がより高い観想にまで昇ること。まるでぶどう酒に浸ったパンのように、神さまのうちに深く留まるために、群衆の中に我を忘れて没頭するほうがよいのです。群衆の中に光の道を通すこと、恥ずかしさや空腹感、打たれることや小さな喜びを出会う一人ひとりと分かち合いながら、人間に向けられた神のご計画に参与するほうがよいのです」。

これこそわたしが望んだ、わたしが探していた人びとの生活方法だったのです。エレベーターの中で胸がとてもドキドキして、若い女性が扉を開いてくれました。「彼女のようになりたい！」と感じました。それは一九五七年十一月二十七日のことでした。彼女はわたしに到来してきたことは「神さまの出来事」だと言ってくれました。こうしてわたしは自分の知らなかった喜びの知らせ、人生の中に呼び起こされた深い喜びを見いだしたのです。

―フランカ―

わたしが十八歳の年に家族の間に試練が起きて、わたしは神さまから離れました。しかし、最終的に、それによって、真の信仰に至ることができました。わたしは人生を楽しんでいたのです。けれども、その代わりに大きな虚《むな》しさも感じていました。二十五歳のとき、存在の意味を自分自身に問いかけました。この頃、薬剤師として働いていたのです。仕事で家々を巡って薬を配給しつつ、毎週、一人のシスターに会いに行っていました。彼女は人を受け入れ、聴き入れることのできる大きな賜物をもち備えていました。平和に満たされた彼女の存在は、わたしに何かを問いかけていました。わたしのような何か気取った若い娘に対して、彼女はシンプルな方法で主イエスについて語り、霊的な黙想にも招いてくれました。わたしはと言えば、そこは社交辞令で、何度か、黙想案内のプリントをもらいましたが、決して行くことはありませんでした。しかし、わたしの心は開き始めたのです。母と一緒に、教区が主催してくれたルルドへの巡礼に出かけたときのことです。
巡礼には二つの目的を入れた鞄《かばん》を持って出かけました。一つは、ほんとうに単純に巡礼に行くというもの、そして、もう一つは、気晴らしのために巡礼に行くというもの！　ですが、ルルドに着いて、前晩の祈りの中で、すっかり、神さまの愛に飲み込まれてしまいました。突然、「終わることなく愛されている、ゆるされている」ということを感じたのです。それは、一九九八年七月十五日のことでした。わたしは神さまの憐みを深く経験したのです。一八〇度、人生は転換しました。神さまは、まったく新しくわたしのうちに来てくださいました！　なんという恵みでしょう！

―フォスティーヌ―

修道院、そんなところを求めてはいませんでした!
どうしてそんなところに行かねばならないのでしょう?

修道院という世界をまったく知りませんでしたし、そんなところ、わたしにとって論外だったのです。いわゆる一般的な観光旅行グループで訪問したときに、初めて修道院があるということを知った程度でした。一緒に行った中の数人はこの観想修道会をいいなと思ったようですし、修道士との会話に興味をもった人もいました。他の人たちは、逆に、つまらないと感じたようでした。わたしにとっての印象はそういったものとは違いました。ある一つの感情がわたしを捕らえ、離しませんでした。「そうだ、わたしも修道士になりたいんだ」と。そのとき、まったく知らない修道士を見て、とても親しみ深い感じがしました。わたしの同僚以上の家族的な

雰囲気を感じました。この観想修道会の訪問ののち、頭の中に生まれた考えは、何年間も何度も何度も繰り返し現れてきました。そして、毎回、その考えをもっとはっきりさせるためにいつもエネルギーが必要だと感じられました。つまり、修道士になるのか、ならないのかという問いです。その問いが曖昧《あいまい》なものでなくなって入会しました。
　奉献生活はある種、冒険のようなものです。どこに向かっていくのかを知ることなく、そこに入っていくのです。勇気が必要でしょう。修道院の中に生

きることの快適さや、修道士に特徴的な親しみやすさなどあらゆる領域からの離脱を試みることが終わりなく必要とされます。他の目的によって魅かれることからは自由にならなくてはなりません。捕らえどころのない状態、そのほうがより良いのです。つまり、捕らえどころのなさというものが、あなたを捕らえ、あなたを導いていくのです。奉献生活は心の穏やかさです。奉献生活は自由です。

―ダニエル―

二十二歳のとき、カトリック青年の大きな集会でミサ聖祭を祝った最中に、わたしは奉献生活に招かれました。

もうすでに三年ほど前になります。わたしの召命についてはっきりさせてくださいと、イエスに頼んでいたころのことでした。主は、わたしの人生を刻んだいくつかの出来事を通して語られました。わたしに向けられた主のご意志をわたしが発見するように、日常生活の中でいくつかのしるしを見せてくださったのです。

二十歳のときでした。わたしは哲学の学生でした。エジプトのカイロにてとても豊かな体験をしました。カイロのシスター・エマヌエルの同伴で九人の若者たちと一緒にスラム街を体験するため、夏の間、出かけていったのです。この体験が自分のすべてを神さまに献げる望みを強めました。スラム街の貧しい人びとに出会いながら、ほんとうにわかったのです。この世で最も大切なことは、愛することであり、愛されることであると……

カイロでくずを拾って生活する人びとは何ももっていません。でも、彼らはもっているほんの少しのものをも、わたしたちに分け与えてくれるのです。掘っ立て小屋（彼らにとって唯一の家！）は、いつも大きく開かれていました。ものすごいレッスンを受けました！　貧しい人びとは物質的にすべてを持ち得ているわたしたちに比べ、いかに寛容で、いかに喜んで生きていることか。わたしはシスター・エマヌエルのそばでそこに滞在しながら、彼女に似た者になりたいと心の底から思ったのです。つまり、他者に向かって自分のすべて分かち合いたい、わたしが知っているすべての人びとを愛したい、その人びとに仕えたい、そう思ったのです。この人、シスター・エマヌエルはわたしにとって、奉献生活がいかに美しいかを教えてくれた証人のような人です。

—クレール＝サンドリーヌ—

三　一人ひとりの応え

二

十歳のとき、大学を辞めました。まったく希望がもてなかったからです。家族のこととか、友人のこととか、仕事のこととか、いろんなことに失望していました。少しずつ鬱《うつ》の状態に陥っていきました。それで、あるとき、神さまのこと、お母さんのことばを思い出しました。祈らないといけない、と。自分の部屋にこもって、ロザリオを出して祈り始めました。じつは、ロザリオのことは知っていたのですが、祈りのことばはまったく知らなかったのです！　それから、古いカテキズムの本をひっぱり出して、祈り始めました。いえ、むしろ、神さまに叫んだというほうが正しいかもしれません。マリアさまによって、わたしの心は主イエスに開き始め、主の愛に開かれていきました。だんだんと神さまはわたしの人生を変えてくださいました。わたしはモノトーンの世界にいたのですが、灰色の世界がだんだんと色づいていったのです。秘跡に抱かれて、主の愛をむさぼるように味わいました。そうです、ご聖体の秘跡のうちに、ゆるし

の秘跡のうちに。

そして、とうとう、真の宝を見いだし、それをだれかに分かち合いたいと思ったのです。それから、初めの招きが呼び覚まされ、神さまに自己を奉献したい望みが大きくなっていきました。マリアの巡礼をしたときでした。そのときも聖マリアが道を示してくれたのです！　ある人がいのちのみことばの共同体について話してくれました。わたしはそこに行き、一年間の養成ののち、その共同体に入ることを決めました。そして、二〇一三年の十二月十五日、ロザリオのみ母マリアに献げられた教会で、終生誓願を宣立しました。

聖マリアはわたしを導き、守り、教えてくれます。彼女は今日も、わたしの奉献生活にとって、モデルであり、師なのです。

—テレサ—

子どものころから神さまと共に生きる方法を母に学んできました。父は反聖職者主義をつらぬいていましたので、家の中で祈ることなど想像もできない家庭でした。しかし、毎朝、母はわたしを抱きしめた後、耳元でささやくのでした。「今日一日を神さまに献げることを忘れちゃいけないよ」と。単純だけれどすばらしいこのささやきが、いつもわたしを導いていました。しばしば、それを思い出しますし、また、このことを分かち合うことができます。

―ジャン＝ポール―

わたしの名はシスターエステル。母がトキソプラズマ症でしたので、わたしは生まれつき聴覚に重度の障がいがあります。

父は外交官でしたから、家族は皆で一緒に外国を回っていました。リオデジャネイロ、レバノンのベイルート。父はその後、フランス大使になり、トーゴのロメや、スーダンのハルツーム、そして、マダガスカルと移り住みました。わたしが十四歳のとき、母は言語聴覚士になりました。わたしはずっと彼女と一緒にろう学校にいました。

母は常に学ばねばなりませんでした。聴覚に障がいのあるわたしは、母音も子音も聞くことができませんので、ことばを発音するために舌の位置はどのような形にすべきなのか、いろんな形をした棒切れを用いて試すのです。わたしも毎日、毎日、練習します。十四年間の間ずっとでした。母は偉大です。

父は定年退職し、皆で、フランスに戻ってきました。わたしにとって辛《つら》

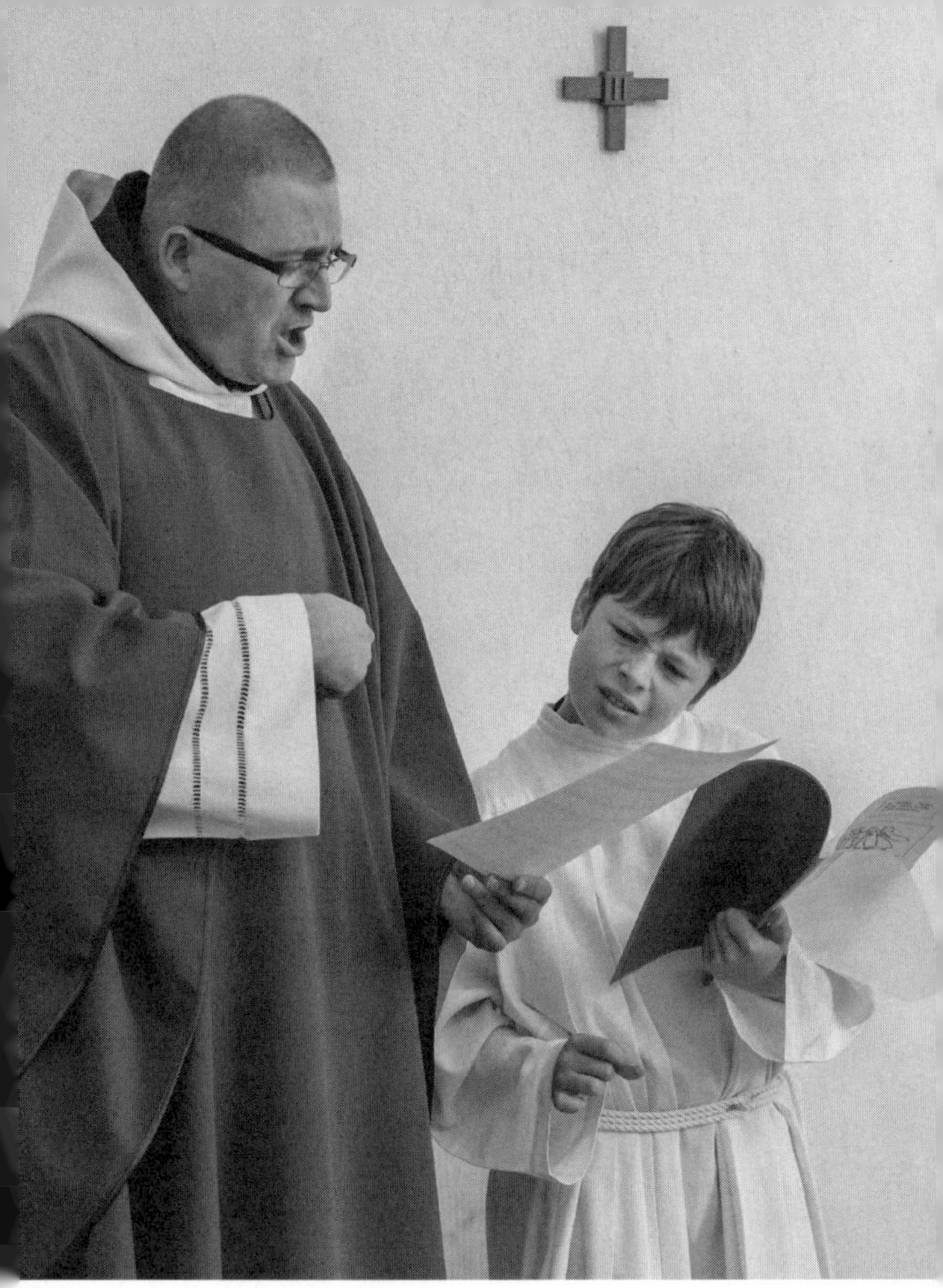

く厳しい出来事がいくつか起こりました。母はがんを告知されました。母は、わたしがいろいろと頼むときに、とても疲れていました。「お母さん、だれかに電話するの、手伝ってくれない？」母は、「できない」と言いました。わたしは自分自身で何とかするしかありませんでした。

さらに、わたしの聴覚障がいは非常に珍しい遺伝上の病気でした。生まれたときにわたしの皮膚には小さな茶色い斑点がありました。十一歳からその斑点は体中に広がりました。プールで泳いでいるとき、あるいは海岸、道を歩いているときでさえ、多くの人がわたしをじろじろと見て、バカにしました。わたしはそうやって人から嘲《あざけ》られることがいやで、「なんで、わたしを見るのよ？」と思いました。

この苛立《いらだ》ちはますます大きくなり、人生の中でとっても難しく感じるようになりました。わたしは自由を見いだすことができなかったのです。家族で食事をしているときも、コミュニケーションを取ることが難しくなり、しばしば反抗心を表していました。ある晩、リュックサックにいろんなものを詰め、兄弟のフィリップに、「わたしは出て行くね、もう帰らないから」と言い、駅に向かって歩いていきました。フィリップはわたしを探して駅のホームまで来て、わたしの肩に手をおきました。わたしは「触らないで、じゃなければ、ここから身を投げるわよ」と言いました。自殺しようと思ったのです。列車が突然ホームに入って来ました。けれども、ほんとうに自殺したいわけではなかったのです！　わたしはその列車に乗りました。そして、次の駅で降り、ものすごい雨の中、歩いて家に戻りました。家に着いたとき、わたしは泣きじゃくっていました。

大好きな母が危篤になったとき、わたしはエマヌエル共同体の耳の聞こえない友人と一緒に、母のために祈りました。母の死後も祈り続けました。

母の死の二年後、ある手話通訳者がわたしに聴覚障害者のためのワールドユースデーのことを教えてくれました。「いのちのことば、あなたにとってすばらしいじゃない！」どういうことかと自問自答しました。わたしは幸せを見つけるためにたくさんのことを経験してきましたので、実際、怖かったのです。とにかく、いのちのことばの共同体に一年間の休暇期間として滞在し、そこで、神さまのみことば、日常生活での祈りへの渇きを覚え始めました。わたしは、神さまのための奉仕、日常生活のいろいろなことを行うこと、主に仕える者であることに、大きな喜びを感じました。

わたしは喜びの中に、イエスの愛の中に沈み込みました。共同体と一緒にわたしの歩みを始めたころのことです。イエスはわたしに自由を与えてくれました。ある日、ご聖体がわたしの前を通りました。わたしは、ホスチアのうちにイエスご自身がおられるのを見ました。あまりの喜びに涙があふれました！　長年ずっと固く閉じていた壁を、主が壊してしまったことに、気持ちが動転してしまいました。主がわたしに語りかけてくれたことで、心が落ち着いていきました。「来なさい、わたしの娘よ。わたしにしたがいなさい。わたしはあなたを愛している」。わたしはほんとうにすばらしい恵みを受けました。わたしは「聴覚障害者」なのではないと、わかったのです。わたしは、自分自身のすべきことを受け入れ、自分自身の限界を受け入れます。わたしは、神さまのことばを聞くための二つの耳をもっています。自分の心のうちで、神さまの声を聴いているのですから。

「あなたがたへのイエスの愛を、あなたがたは信じることができる！」

—**エステル**—

若かったころ、詩編を祈ることが好きでした。「神の優しさと忠実さは毎日、わたしの人生と共にある」。「わたしのいのちである神よ、わたしはあなたに向かって歌う。そうです。あなたはわたしの砦《とりで》、あなたは神、わたしはあなたを愛する」。

神さまからわたしへの招きの応えとして、わたしは、教会の中で教会のために自分自身を神さまに献げ、キリストにしたがって全人生を歩みます。そして、わたしが生きる日常生活の真ん中にいつも留まりながら、よき知らせをあかしします。つまり、何か専門的な活動をし、家族、友人、そして、毎日頻繁に出会う人びととの絆《きずな》を保つということです……

わたしは家族の中で生きていたので孤独ではありませんでした。自分の小教区で、青年活動をしている思春期の青年時代を過ごしました。大学生活ののち、社会的、経済的領域に関する公的機関にて働きました。

しかし、三十歳を迎え、たとえそれが神さまへの愛によって選ばれた生活とはいえ、独りきりのまま生きるという召命は、霊的にも親密さにおいても土台がなく、何かしら難しいと感じ始めました。そこで、わたしは、一九四二年に教会によって公的に認められた奉献生活の形をとった在俗会へと方向づけられることになりました。

わたしの選びはカリタス・クリスティという在俗会へと向かっていきました。わたしたちの生きる意味はすべて、愛するため、愛されるために、わたしたちにふり注がれた神の愛のうちに留まることです。

――ジョゼット――

CARNET DE CHANTS

十

八歳のとき、だんだんと、修道生活への召命の望みを感じ始めました。そして、わたしが深く尊敬していた霊的生活をあかしする共同体に入ることができるように、互いに愛し合うことを実践し、使徒的生活への参与ができるようにという望みを感じました。

しかし、神さまがわたしを呼ぶというようなこと、聖別されたそのような生活にわたし自身を導いておられるなんて、考えるに値するものではないと感じていました。それから何日かたって、普通の日のミサのとき、突然、わかったのです。わたしの心の中に芽生えたこの望みは、イエスが植えた種のようなものだということ。それがまさに「召命」と言うのだと。すべてがはっきりした瞬間でした。

―テレーズ＝マルグリット―

わたしは熱心なクリスチャン・ファミリーに生まれ、育ちました。両親は互いに愛し合い、一人の姉妹がいます。

わたしはガール・スカウトのグループに入って、学校でも大学でもリーダーをしていました。高等教育機関で学んだ後、ＰＭＥにて通商関係の専門職に就いていました。スポーツが大好きで、学生時代も、また、社会人になってからもスポーツをしていました。ボート競技では、地方大会や国内大会にも出場していました。

そういうわけで、バランスがとれて、裕福な「いい生活」を送っていたのです……　とはいえ、わたし自身、何か期待感がありました。まだすっかり満足したわけではありませんでした。何か、どこかに出かけていくための準備はできていましたし、自由な気持ちでした……　それで、自然な考えだったと思いますが、他の仕事に就こうと、他の国に行って、夫も欲しい！　と考えました。

キリスト者としての歩みのおかげで、神さまがわたしの幸せを願っているとと知っていました。「わたしの人生が成功するように」神は望んでおられると知っていました。わたしはすでに、教会で生きる喜びを知っていたのです。ミサ聖祭に与《あずか》ること、カテケージス、典礼の奉仕チーム……

一九八九年の夏の間、わたしはコンポステラで行われたワールドユースデーに行って、自分の問題を問いかけようと心に決めました。「主よ、あなたはわたしが自分の人生をどのように生きることをお望みなのですか？」と。答えは主から、教会においてやってきました。そして、わたしはがっかりしなかったのです！「イエスは道、真理、いのち」という教皇ヨハネ・パウロ二世の説教を聞いて、つながりました。この説教は、わたしが抱いていた存在的な問いに鮮やかに答えてくれたのです。そして、特に、このことによって、最終的な呼びかけがわかったのです。「聖なる者たちであることに恐れてはならない！」「イエスにしたがうために、完

壁になるまで待ち続けることはない」。

わたしにとって奉献生活は信仰と愛の歩みです。奉献生活は、神さまがわたしたち一人ひとりを個人として愛してくださること、わたしたちを救ってくださること、わたしたちを癒やしてくださること、そして、神さまがわたしたちを満たしてくださることを生き、あかしすることなのです。それは、過ぎ去らない現実にわたしを留め、主のまなざしをもってこの世と兄弟たちを見つめることを助けてくれる希望の歩みなのです。

今日、わたしはテレジアと共に祈ることができます。「おお、わたしの神よ。あなたは、わたしの思いを超えておられます！」この道に一緒に歩んでくださる聖マリアに感謝をいたします。「あなたのおことばどおりになりますように！」

―カレン＝マリー―

わたしがあのときに受けた呼びかけによって、
この奉献生活を生きることができるのです。
あの日、わたしの心の中で大きな火が灯《とも》されました。
このともし火は決して消えることはありません。

――ダヴィド――

「あかし」ですって？　いったい何を話しましょうか？　何かとってても個人的なことのような気がします。イエスとわたしとの関係を自由に皆さんにご紹介しなければならないのでしょう？　そう考えてみますと、たくさんの経験とか、記憶とか、混じり合って思い起こします。愛することも、イエスに愛されることにも夢中になっていたころや、時には、イエスがわたしに望んだことを驚いて、拒絶したりしたこともあります。「はい」と言ったときの閃光《せんこう》のような輝きの日や、「ノー」と言ったときのことも……

友達だったある神父さんが召命についての本をくれました。わたしが十二歳のときでした。何週間かそれを持っていて、それから、一ページも読まないで返したのです。「興味深かったです！」って言って。

その後、高校を卒業するとき、あの神父さんがこう言ったのです。「君はすぐにノビシアに行ったほうがいい」。わたしの答えは「ノー」。大学に行きました。

けれど、イエスは忍耐強く待って語りかけていました。「来なさい、わたしについて来なさい。もっているものをそこにおいて」。

この感覚は、わたしのうちに孤独を生み出し、いろんな問いかけやあきらめ、それから、イエスとの友情も紡ぎ出しました。喜びであり、悲しみであり、恐れ、不満でもありました。

いつも根本的な問いにつまずいていました。「しかし、主イエスよ、なぜですか。あなたはわたしに自由だと言ったではないですか。わたしはあなたについていかないことができない、ということなのですか。悲しみに耐えることなく、根源的な不安を忍ぶことなく、あなたと一緒にいることはできないのですか。そのような自由って、いったい何ですか。あなたにしたがわないで幸せになるという自由は、わたしにはないのですか？ いったい何？ わたしが意識的にあなたを拒否するたび、わたしは悲しくてしかたがない」。

このような内なる闘いは二年間続きました。そして、最後に焼き尽くされました。わたしはシャノワン・デュ・グラン・サン・ベルナールの神学校に入りました。今もこの家族、わたしの家族の中にいます。じつは、今もいつも同じような闘いは続いています。けれども、今は、このわたし自身の存在の仕方に満足しています。そう、イエスを愛している一人の罪びとというわたし。イエスもこの罪びとを愛していますし、兄弟としてくれているのです。

ニューマンが残したあることばが一致の絆としてわたしのうちに留まっています。「わたし自身とわたしの造り主」。

——ジャン——

「奉献生活とは何ですか？」

キリストにしたがうことによって真の自由と喜びを生き、それを出会う人びとと分かち合う生活だと考えます。わたしはサレジアン・シスターズの修道会（扶助者聖母会）に召されましたが、会の使命を教会への奉仕として生きながら喜びがわたしを招く道を歩くようここにいます。

「あなたの召命を短く言うとどうなりますか？」

最初からがっかりさせてしまうようで申し訳ありませんが、修道院に行ってみようと思ったのは、「知らない世界を冒険してみたい」というような、言わば、興味本位な思いつきだったこと。そして、見学に行った志願院の雰囲気がよかったことがきっかけです。そうは言っても、幼いころから祖父母の素朴で熱心な信仰心に触れて育ったことは、修道生活の価値を理解するのに大いに助けになりました。祈り、共同生活を通して精神的な豊かさを学び、何より修道会の創立者である聖ヨハネ・ボスコについて知れば知るほど彼の生き方はじつに魅力的で、子どもたちの霊魂を救うという目的のために献げ尽くしたその生涯に引き付けられていきました。生活の中には修道会の特徴である家族的精神、快活さが息づいていていつの間にか離れられない場所になっていました。ここまでくると、ではいつイエスさまとの出会いがあったのかと言われそうですが、喜んで修道生活を送っているシスターや、創立者の生き方から自《おの》ずと〝わたしにも〟呼びかけてくださっているイエスの招きに心を向けられるようになり、イエスとの個人的な出会いへと歩みを進めることができたのだと思います。何度か、修道召命識別の際には自分の弱さに押しつぶされそうになり「やっぱり無理ですか？」と祭壇の前で弱気になることもありましたが、不思議と毎回、非常にタイミングよく縛りから解放される一言に出会いました。今年、誓願宣立二十五周年という節目の年を過ごしてきて初誓願宣立のときのただただうれしかった思い、終生誓願宣立のときの非常に重みのある「応え」

の中の深い喜びを思い起こしつつ、いただいた恵みの大きさに感謝しています。この歩みはまた二十三年という使徒職の場での、子どもたちとの出会いの中でも深められ、人として、修道者として成長させていただいたと思います。召命の歩みにかかわってくださったすべての方と、今も常に呼びかけ続けてくださっている主に、最後まで忠実に応え続けることができるよう恵みを願っていきたいと思います。

―アケミ―

SOPHIA

四　ミッションと祈り

昨日、駅で、いろいろなジュースの絵が描かれた壁の前で、ちょっとした、まるで「観想」のような数分間の後、そこにいるとはまったく気づかなかったのですが、わたしの右隣にいるネクタイをしめた男性が、ドイツ語でこう言ったのです。「選ぶっていうことは難しいね、そうじゃない？」「ええ。で、何を求めているのですか？」とわたし。その人はわたしを見て、はっきりと言ったのです。「二つのことだよ。けれども、今日は、その二つとも難しい。一つ目は、コーラ。けど、ゼロ・カロリーのやつね。二つ目は、わたしの人生における神さまの軌跡」。その人の返答にびっくりしました。それから、わたしたち二人は壁を見つめて、また、数分間、そこに座っていたのです。

なんて言ったらいいのか、真剣に祈りました。それで、しまいに、「わたしが思うには、コーラはやめたほうがいいと思います。でも、神さまのほうはやめないで」。わたしたちは二人とも笑ってしまいました。そして、

レジに向かう前に、それぞれの飲み物を取って、別れたのです。
駅のホームに行くと、さっきのすてきな男性が反対のホームに立っているのに気づきました。彼のほうも気づいて、笑いながら手を振っていました。列車がホームに到着する直前に「ありがとう」って叫びました。
今朝、彼のことを思い出して、彼のために祈りましたよ。

―マイ＝ラン・ミカエラ―

キリストにわたしの人生を献げること。
それは、彼の愛をあかしするために彼によって
形づくられるままになることです。

―マリー＝リュック―

奉献生活って何？
それは、この世に与えられた一つの生き方です。

神との関係によって、また、ほかの人びととの関係によって生かされるという意味でそれは「与えられ」ます。わたしたちが呼びかけられるままになるとき、そういった出会いに問いかけられるとき、わたしたちは「与えられる」という経験をします。

ノビシアが終わるとき、誓願を立てますが、そのころ、寛容さということがわたしの日々の生活を、時には、一日の中で何度も自分自身を支配していたことを思い出します。いのちを与えるということ、それは、ほんの一回だけで獲得されることなどはありません。だから、この事実から考えても、常に、生かされているということがわかります。清貧、貞潔、従順

は、毎日、毎日の選びなのです。今の時代、「誓願の意味」がこれほどまでに鈍くなるものかという経験をしています。インターネットの時代、クレジットカードの時代、それぞれの使徒職を遂行するという時代、じつにわたしたちは、わたしたちの先人が生きた時代以上に強い厳格さを生きるように招かれているのかもしれません。そういった要求の重みはそれぞれの肩にのしかかってきます……　そうして、しばしば、わたしたちがこうしたいと思うような忠実さには至っていないという巧妙なささやきに気づくのです。しかし、もし、わたしたちが与えられた恵みのうちに生きるなら、この気づき自体が信頼とともに生かされ、再出発させるものとなるのです。確かに、この時代を生きるために修道者である必要はありません。しかし、奉献生活のうちに、一つの枠組み、特に、他者と共に一緒に働くという枠組みがあり、粘り強く生きていくうえで助けになるものなのです。

―ブリュノ―

わたしは仕えるために来ました

奉献生活とは、何でしょうね？　それは、神さまの招きにしたがって、全面的に神の国への奉仕のために、この生活を聖霊に委ね、聖霊の導かれるままになることでしょうね。こういうものはパイロットの自動操縦転のようにボタン一つ押して独りでになっていくようなものではありません。そんなものではなくて、一緒に歩んでくださる神さまとわたしたちの長い歴史、友情のあかしなのです。神さまはわたしたち自身であることを否定したりはしません。そうではなく、わたしたち自身と一緒にすべてを行いたいのです。神さまは、わたしたちをほんとうの子どもにしたいのです。わたしたちのもっている愛を、力を、神さまと人びとへの愛の奉仕をする能力を十分に発揮できるようになるためです。

ルーマニアで生まれたわたしはこの十三年、スイスで暮らしています。トーゴのシスターたちのミッションで信徒として二年間ほど働いた後、二〇〇一年に、アウグスチノ修道会に入りました。マスメディアによる福音宣教のため、三十二歳でした。わたしの奉献生活の召命は一九八六年から始まりましたが、まさに当時は共産主義の世の中でした。十八歳のころ、わたしに向けられた神さまの恵みのおかげで、そよ風のようなものを感じていました。そのころ、まさに独裁政権下だったのです。自分の生涯は、祈りを捧げるもの、愛徳を行うことだとわかって

いましたが、このようなことを受け入れるはずのない、容赦のない共産主義政権下にあっては、沈黙せねばなりませんでしたし、秘密を守らねばなりませんでした。恐ろしかったのですが、主がそこにおられることは知っていました。ですから、共同体的な次元は外的な面でというよりも、内的な面のほうがより強かったと思います。

修道生活に入って、共同体生活が中心だということがよくわかりました。だから、わたしにとって共同体生活は、毎日が生活の学校、奉仕の学校、そして、皆で一緒にわたしたちが神の民となるように招かれる学校です。

他のもう一つの大切な側面があります。わたしが言語をよく知らないということ、高度な教育を受けていないということ、スイスという国全体がそう主張するように全権利をもたないということなどです。このような状況におかれるということは、世界の移民たちとの連帯を意味しますし、他者への奉仕のために自分自身を献げるということにおいて自分の助けになります。強調すべきは人なのであって、二次的な外面的なものではないのです。イエスのこんなことばがありますね。「わたしは仕えるために来た」。このことばはわたしの心に触れますし、この道を進んでいくために大きな力を与えてくれます。

―ガブリエラ―

主があなたを呼んでくださるなら、歩み始める準備をしなさい。

二〇一四年の春、わたしたちの修道会の総長がわたしにチャドへの宣教を考えるようにと言ってきました。あのころ、アンヌ＝マリー・ジャヴエの伝記を読んでいたころからずっと考えていた、修道生活に特有な最初の呼びかけはこんなふうに来るのだとすぐに感じました。わたしは、修道生活としての生き方のあかし、最も貧しい人びとに寄り添う生活、特に、フランス、セネガル、ギアナでの生活に魅かれましたし、心を打たれていました。彼らの生活が奴隷制度を根絶する働きにおいて、勇気があり、粘り強いことに心からすばらしいと思いました。実際には、貧困を抑えるということでは満足し切れていなかったようですし、もっと広く社会が神のみ心に適《かな》うようにと実際に働いていました。

そういうわけで、チャドへのミッションに参加するという修道会からの願いに対して、「はい」と、比較的すぐにわたしは言いました。それまでに自分自身考えたこともなかったのですが、わたしは、深いところからこの呼びかけはキリストから来ていると感じました。鉄に引き寄せられる磁石のような抵抗できない力とダイナミズムがありましたし、わたしの日常生活の真ん中に、喜びと平和がありました。わたしのうちに開かれていく未知のものがあるのだと自覚して、祈りと識別の時間をとったのちに、チャドの人びとが住む大地において、キリストを愛し、キリストに仕えるための「はい」を確認しました。

―ジョジアーヌ―

わたしにとって奉献生活を生かしてくれるもの、それは第一にコミュニケーションです。

わたしは青春時代に神さまの呼びかけに「はい」と応えることができましたし、今ももう一度この呼びかけに「はい」と言い直すことができます。なぜなら、わたしは今でも神さまの優しさと憐み深さによって愛されていると感じているからです。この愛は、あらゆる方法で、わたしを包んでいますし、三位一体の神さまとわたしをつないでくれます。もしもわたしが次のような事柄に注意深くあるならば……　創造の美しさ、思いやりをもったまなざし、いのちのことば、美しい音楽、あるいは、わたしの人生において重要な役割をなしてくれた多くの人びと、キリストにしたがっていくうえでわたしを支えてくれた人びと、特に、人生の苦しいとき、戸惑ったときに支えてくれた人びと……　そうです、すべての事柄、すべての人びとは、神さまのみことばなのです。すべての関係性は、もち続けるため、また、深めるために、時間と場所を要します。だから、祈り、ミサ聖祭、神さまのみことばを読み、観想することが必要ですし、キリストへつなぐわたしにとって優先すべきときなのです。「主イエスから見つめられる、愛される」ままになることが必要です。彼はわたしを強め、わたし自身のうちから外へと出向かせ、ロヨラの聖イグナチオが言うように、「他者を愛し、他者へ奉仕する」ようにしてくれます。

コンゴ共和国においてわたしが遣わされている実際のミッションは、家族との関係が切られた結果、路上を家としている女の子たちのそばで生きることです。彼女たちが愛されていること、愛するように招かれていることがわかるように愛し、奉仕するのです。彼女たちが愛されることによって、愛をあかしすることができるように、自分の足で立つことができ、自

立した生活ができるために愛し、奉仕するのです。まさに、この世界を人間的な世界にするためにみことばが肉になった、ということが実現していくのです。

主よ、あなたのみ手の業を止めないでください。

―アンジェラ―

わたしはガール・スカウトと山々での体験を通して、キリストにしたがう呼びかけを感じました。絶対的な必要性と同時に、宣教に行きたいという強い望みが起こったのです。

カルメル・サン・ジョゼフにて、偉大なる聖人たち、アヴィラの聖テレジア、十字架の聖ヨハネ、そして、リジューの聖テレジアたちの教えとともにカルメル会の霊性に触れました。

カルメル会には創立者はなく、その原点は、わたしたちの召命の象徴である預言者エリヤとともに旧約聖書にさかのぼります。

カルメルでの生活はすなわちキリストにしたがう道行きであり、キリストをずっと見つめ続けて、この生活を徹底的に生きることです。マダガスカル、世界で最も貧しい国の一つ、そこで、兄弟たちと愛を分かち合うことで、イエスはわたしに喜びを与えてくれます。

―レジーナ―

人生をイエス・キリストに献げるということは、
主と、存在によって、注意深くあることによって、
また、聴くということによって、
わたしが出会うすべての人を愛し、
仕えることを意味します。

―フランシスカ―

わたしはキリストにしたがうために修道生活を選びます。まだノビス（修練者）ですので、奉献生活の経験はそれほどないのですが。
　共同体に入る前、修道女は完璧な人なのだろうと思っていました。そして、志願者としてその期間を過ごしながら、自分自身も完璧な人になるのだろうと思っていたのです。しかし、共同体の中に入っていくうちに、ああ、修道女って完璧な人たちではないいんだ、自分自身も完璧にはなれないということがだんだんわ

かってきました。弱さ、限界、そういうものがずっとついてきます。そういうわけでとても考えさせられました。しかし、そのとき、突然、マルコの福音の中で、イエスが言われたことを思い出したのです。「わたしは正しい人のためにこの世に来たのではなく、罪人のために来た」。それが養成を続けていくうえで大きな助けとなっています。

――ファンジャニリナ・フロレット――

わたしはほんとうの意味でクリスチャン・ファミリーに生まれたと思います。司祭になってキリストにしたがうという望みは、早いうちから心にありました。

わたしの大神学校時代は第二バチカン公会議と重なっています。専門職を身につけサラリーを得ながら司祭になることを夢みていました。レバノンでの民間ボランティアを二年ほど経験し、マグレブ地方の移民たちへの識字教育に従事しました。そのころ、カプチン会の労働修道者三人――そのうちの一人は長い間、アルジェリアで生活していましたが――の住む共同体によく通っていましたので、アラブ世界に近づいていくことができたのです。けれども、わたし自身にフランシスコ会の気質《きしつ》があるとは感じませんでした。長い歩みの最後に、わたしにとってキリストにしたがう生き方が労働の世界の中で福音を宣べ伝える人になることであると識別し、聖ペトロとパウロ労働宣教会に入ることにしました。最初はアラブ世界に強く魅了されたのですが、それは、まったく異なる陸地へと向かうためだったということ、これについては今でもとても不思議だと感じます。最終的に、手作業的、技術的な働きをする職人たちのもとへ、そういう彼らのもとへ福音を告げる者としてわたしは今、遣わされているのですから。

キリストの名において、聖パウロがしていたように、どこか遠くへと遣わされること。わたしにとってこの生き方は志願期の少し後に一新されました。聖ペトロとパウロ宣教会の責任者は、わたしを日本に遣わすことにしたという識別を話してくれました。そこは、三人のブラザーたちのチームで、わたしが二十年間過ごしたところです。わたしたちは、看護師や、鋳造工、技術者といった仕事で生計を立てていました。日本の労働者の生活に最も近いところで生き、分かち合うことを望んでいたのです。日本の労働者たちの働き方、住まい方、食べ方に適応し、友情関係の中に入るために、彼らの最も近くで生きるたった一つのことばを自分たちのものにし

ました。なぜなら、イエス・キリストを伝えるためにわたしたちがもともともっていた霊的なコンセプトが、自然の世界に親しみ深い日本文化においては、必ずしもそぐうものではないということを知っていたからです。もちろん、わたしたちが、このような経験をした最初の福音宣教者というわけではありません。うっとりするような日本文化に少しずつ潜り込みながら不意に包まれることに不安を覚えることとや、日本人は自分たちを生かしている精神性を簡単に

しゃべってくれない、そういった彼らの声を聞くことへの恐れがあることなど、さまざまな心配事が、わたしたちのうちに刻み込まれていることに気づき始めました。まさにそれは、言ってみれば、出会いの味を強めてくれる、他者へ向かうわたしたちの注意力を浄《きよ》めてくれる、聖書をいつも携える必要性があるということなのです。この文化の中で、あまりにも多様な文化の美を創造された主なる神はほんとうにすばらしいと宣言し尽くせることなど決してないでしょう！

——フィリップ——

確かに、この人生は大きな犠牲を強いるものです。
しかし、むしろ、
わたしにとってより強く、より重要だと思うものは、
何かから断絶することではなくて、
何かを発見することなのです。

―クララ会 シスター―

二〇一四年の今年、宣教師として公に教会から派遣されて五十年になります。一九六四年の三位一体の祭日が、あの派遣の日でした。

わたしにとって、あの日は、子どものころから存在のいちばん深いところで受け止めていた神さまからの呼びかけについて、わたしの深いところからの応答でしたし、心からの参与を証言するにふさわしい特別なときとなりました。神さまの親密な愛によって、愛され、支えられていすることをわたしはずっと知っていました。自分自身を献げる準備はできていましたし、主イエスの教会に奉仕するように、そして、主ご自身に奉仕する準備もできていました。

教会からの公式な派遣は、生まれ故郷の小教区で行われたミサ聖祭の中でなされました。わたしの兄弟である司祭が語ってくれた説教を今でも覚えています。「宣教師の召命はすべて、三位一体の生きた愛に根ざしています……　だから、燃える愛によって支えられた偉大な宣教師たちの人生は三位一体の神への祈りとなり、賛美となるのです。また、彼らの人生と奉仕の全体を通して憐みの神の栄光と愛がゆきわたるようにという、燃えるような望みそのものでもあります」。

—ゼリア—

わたしの召命は、ルルドへの巡礼のとき、聖マリアによって準備されました。

青年のキャンプに参加し、山の中で静かな時間を過ごしているとき、聖霊がわたしに問いかけました。「どうして修道女にならないの？」この呼びかけはあまりにも強いもので、自分で断つことなどできませんでした。その後、ローマからアッシジへの巡礼に参加し、カプチン会の司祭による指導で何年か道を探し、観想修道会に入会しました。はっきりと識別し、すべてを断絶し、新しく修道会家族に迎え入れられ、とてもうれしかったです。聖フランシスコの霊性による簡素さと分かち合いのうちにあるシスターたちの生き生きとした共同体。街の外の丘の上にあるポヴェレッロという共同体は、すべての被造物への賛美へ一致するようにわたしたちを招いています。観想生活は、毎日、毎日、祈りによって、沈黙によって、みことばを聴き、典礼を通して、また、労働と共同体生活によって、わたしを養ってくれます。

第二バチカン公会議ののち、さまざまな適用が必要であり、刷新すべきことが示されました。たとえば、フランス語で典礼を行うこと、ミサ聖祭の集会は一つだけであること、沈黙での聖体礼拝を再評価すること、そして、宣教に関してより開かれること。これらは、アフリカのチャドでの創立によって具体化されていきました。

イエスはほんとうに善い羊飼いです。堅固《けんご》で忠実な導き手です。主と共にいれば、わたしは安心ですし、人生は、意味をもち、目的をもち、理想をもてます。

しかし、さまざまな試練も同様に成長するために必要です。荒れ野を行くこと、それはわたしたちの信仰にとって骨の折れることです。自分自

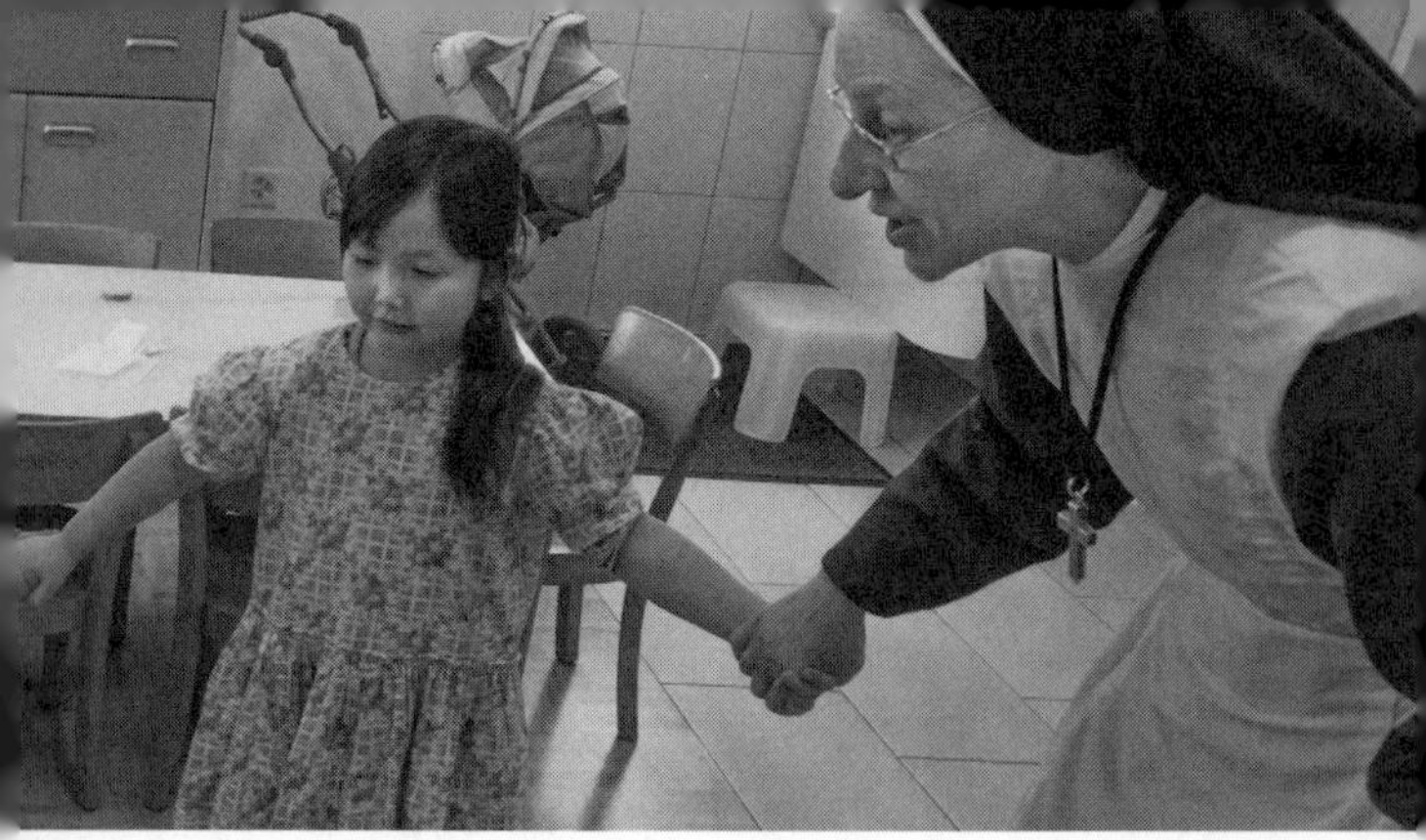

身の内なる源泉に触れるために、深く掘りさげていかねばなりませんし、また、たびたび覆ってくる茨を取り除かねばなりません。

とにかく、勇気と粘り強さ、そして信頼をもち続け、早く、あるいは遅れてもいいから、光へ、喜びへ、平和へと行き着くようにします。それぞれの段階を一つ一つ越えていくために、主と共に、自分自身の人生を再活性化しなければなりません。

船の帆に吹く聖霊の息吹に信頼する委ねが、これまでわたしが前に進むことを強く助けてくれました。

—マリー=ガブリエル—

何年もたつにつれて、「たいへんな」日常生活を引き受けるためには、外的な援助では十分ではなかったのです。キリストというただ一つの生き生きとした泉から水を汲まねばなりません。

長い道のりの中で暗闇に苛《さいな》まれていましたから。一九六〇年から一九八〇年にかけて、それは何人かの兄弟たちが修道会を離れていった時代ですが、修道生活を営む人びとにとっては、とてもたいへんなアイデンティティの危機の時代であったのです。

新約聖書のエマオに向かう弟子たちと共に、イエスがずっと一緒に歩いてくださったように、彼はわたし自身に必要なもの、わたしの心配事に注意を向けてくださっていたことを覚えています。イエスなしに、わたしはどのようにして、自分の職務や居場所での大きな変化に対して「順応」させることができたでしょうか？　張り裂けるような思いはもう終わり、過去の後悔やノスタルジーも終わり。

わたしの人生を読み直してみると、知らないでやっていたこと、自分自身の悪かった点とか、いろいろな段階を通っているのですが、一本の赤い糸が描かれているのをはっきりと見ることができます。毎回、新たに、呼びかけがあります。そこでは、イエスがわたしとの出会いを誠実に待ってくださっていました。

―フランソワ―

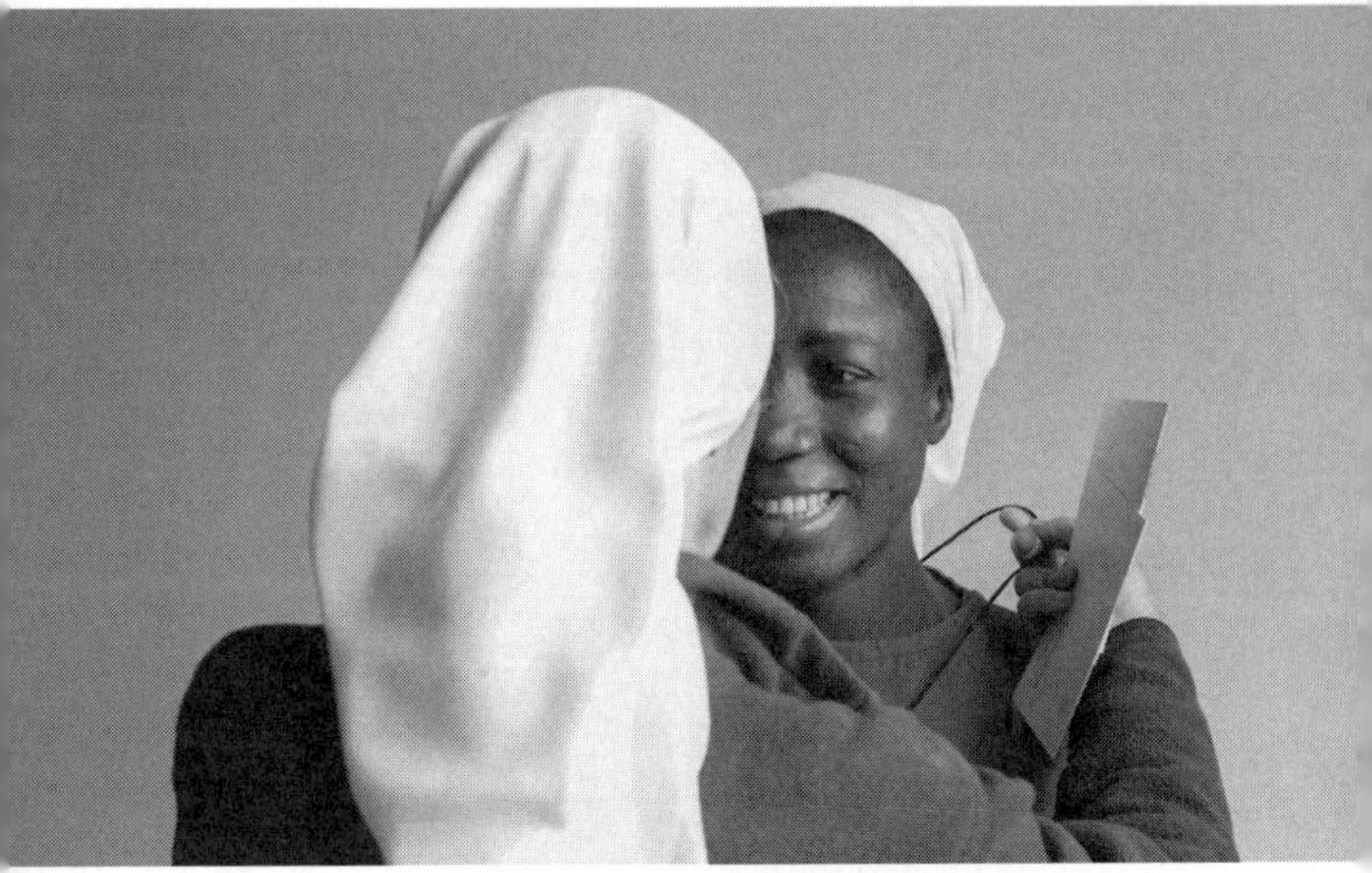

み摂理はわたしに特別な人生の道を備えてくださいました。

わたしは三十年間、マダガスカルにいます。アンバンジャの町で医者、外科医として働いています。わたしは一九八六年にわたしが設立した聖ダミアン病院の責任者です。二十八年間で、この病院では六万件の外科手術が行われています。

特に、緊急の帝王切開によって普通では生き延びられない多くの子どもや母親を救いました。

病院の仕事のかたわらで、この病院の門の前に、親のお金がないため、あるいは困難なために育てられず置き去りにされた赤ちゃんを受け入れる家を建て、子どもたちを育ててきました。本来ならば共にいるはずの近しい家族がいない中で、子どもたちはこの家で受け入れられ、住まい、育てられ、教育を受け、新たに形づくられた家族の愛を受けます。だから、わたしにとって奉献された人生というものは、この世のものから離れた人生ではありません。むしろ、この世に統合した人生なのです。そうすることによって、キリストのみ顔をこの世で現すということなのです。

―ステファノ―

「すべては、神を愛するすべての者の善に懸かっています」聖パウロのこのことばは人生の苦難を乗り越えるために助けとなりました。

―アンヌ＝レイモンド―

わたしの力以上の試練が与えられることはないと
知ることが、人生の苦難を乗り越えさせます。
「わたしは、自分の希望をおくその方を知っています」
―アンジェラ―

奉献生活は、受けることしかできない恵みであり、
たった一度しかできない、けれども、
毎日新たになされる呼びかけへの応答なのです。
―レジーナ―

そうです！　主イエスは、わたしの誓いにしるしを与えてくださいました。主はこの冒険の日々にずっと共に歩んでくださいます。高いところから低いところまで、いつも、いのちがわたしたちのために用意されています。

あの日、表明した誓いへの忠実さはいつも大丈夫だと感じています。なぜなら、それは、ある一人のお方に対しての忠実さに根ざしたものだから。そして、この幸せはいつも大丈夫だと感じています。愛に根ざしたものですし、ある一人の方への望みに根ざしたものだからです。

――ジャン＝ポール――

ノビシアの二か月目、福音書の中のこの節を祈りました。

「夜じゅう網をしかけていましたが、何も獲れませんでした。しかし、あなたのおことばですから、もう一度、網をおろしてみましょう」。

そのとき、わたしはことばにできないような恵みに満たされました。主のあたたかな現存がわたしを覆い、その日以来、この恵みが離れることはありません（このことがわたしの奉献生活にとって最も美しい思い出です）。

その日以来、苦しみというものがもっとわかるようになりました。困難なこと、病気など、しかし、わたしのうちなる主の現存がわたしを愛でいっぱいにするのもわかるのです。

—エレーヌ—

わたしの人生において、数々の試練や苦しみを、信仰への、信頼への神の呼びかけとして見つめるよう努めました。

――マリー＝スタニスラス――

毎日、喜びがあり、痛みがあります。わたしたちの賜物、わたしたちの限界とともに、一緒に賛歌と詩編によるキリストの過越《すぎこし》をほめたたえます。

わたしたちが神さまのみことばを聞くとき、全教会が一つになります。

わたしは典礼の力と美しさを自分自身のうちに染み込ませたいと願っています。このような学びの場は、少しずつ、わたしの人生を賛美と感謝へと変えてくれるからです。

毎日、自然と触れるチャンスをいただいています。被造物の美しさは、わたしにとって、いのちの源であり、また、神さまの愛と忠実さのあかしでもあります。庭の世話をしながら、雄大でありながら、脆弱《ぜいじゃく》なこの美しさというものに参与することができ、その美しさを見いだすのです。自然との近さを分かち合う喜び、そして、わたしたちの姉妹、共に働く同僚、ボランティアの人びと、わたしたちが迎え入れている、泊まっている人びとと共に自然への愛を分かち合うことはなんてすばらしいことでしょう！

主イエスは毎日、出会うために、愛するために、わたしに兄弟姉妹を与えてくれます。わたしたちの世界をバラバラにする軋轢《あつれき》や暴力性はわたしの心の中に、わたしの関係性の中によぎっています。神さまとわたしの姉妹たちの愛と、忍耐と、優しさは、ゆるしを受け入れ、ゆるすこと、わたしたち一人ひとりのうちにキリストのみ顔を知ることを学ばせてくれます。

このようにして、愛の神さまが、賛美の美しさ、あかしの美しさ、そして、兄弟的生活の美しさを通して、ご自身を現されるのです。そして、もう一人のあかし人、ティベリンの殉教者であるブラザー・クリストフのことばを紹介したいと思います。「わたしは愛されている……この確信は自分自身を与えることを余儀なくさせます。この世が愛によって愛されていることを知るために」。

—ジルケ—

わたしは穏やかで静かな雰囲気を好みます。でも同時に、ものすごく旅好き人間でもあります。

神さまのまなざしのもとで自分の魂を息づかせるために、アルプスを歩き回り、自然の中に入っていくことがわたしには必要です。息吹、風、そよ風、空気、このようなことばがわたしの心の中にこだまのように響きます。わたしの師である主において自分自身が十全にすべてであることが本質的なことです。時々、わたしは自分の召命についてこう語ります。つまり、二本の指の間で、聖霊の息遣いに揺れる柔らかな糸のような簡素な存在になること。それはまた、神さまに集中すること、自分自身の存在に中心づけられること、本質へと単純になることであり、そこにおいてこそ、燃える柴《しば》の中でモーセにご自身を現された神、「わたしはある」という方が住まってくださるのです。その方は、御子においてご自身を献げてくださる永遠のいのちです。

―エマニュエル―

わたしにとって祈ることとは、
神さまに時をあずけるということ。
一日中、神さまの現存を、自分にも、
他の人びとにも思い起こさせるということです。

―リチャード―

わたしにとって、イエス・キリストに自分の人生を奉献することは、日常生活の方針において希望と憐みにおいて自分自身を与えることです。

わたしにとって祈るとは、愛を信じること、三位一体の神さまとの関係、コミュニケーションのうちにあること、人びとのために、人びととと共にとりなすことです。これは感謝の祈りそのものです。

—アンドレア—

祈り……
それは、天に向かうわたしの魂の窓の開き。
可能なかぎり、
いつも開け放たれていなければならない窓です。

――マリー＝ジャンヌ――

人生の試練を渡らせてくれるものは、
神さまへの祈りと信仰、
わたしの共同体、わたしの友人たち、そして、
使徒的派遣へわたし自身しっかりと参与することです。

―マリアンヌ―

もし、一言だけならば、たった一言
「はい」
それだけ。
それは、愛のうちに
すべての人に自分自身をつなぐことばだから。

―エレーヌ―

神さまの愛、
わたしの共同体の内にある親しさ、
イエス・キリストを信じること……
これらすべての出来事、そして、
そこで語られる数々のことばが
人生の試練を乗り越えさせてくれます。

―パトリシア―

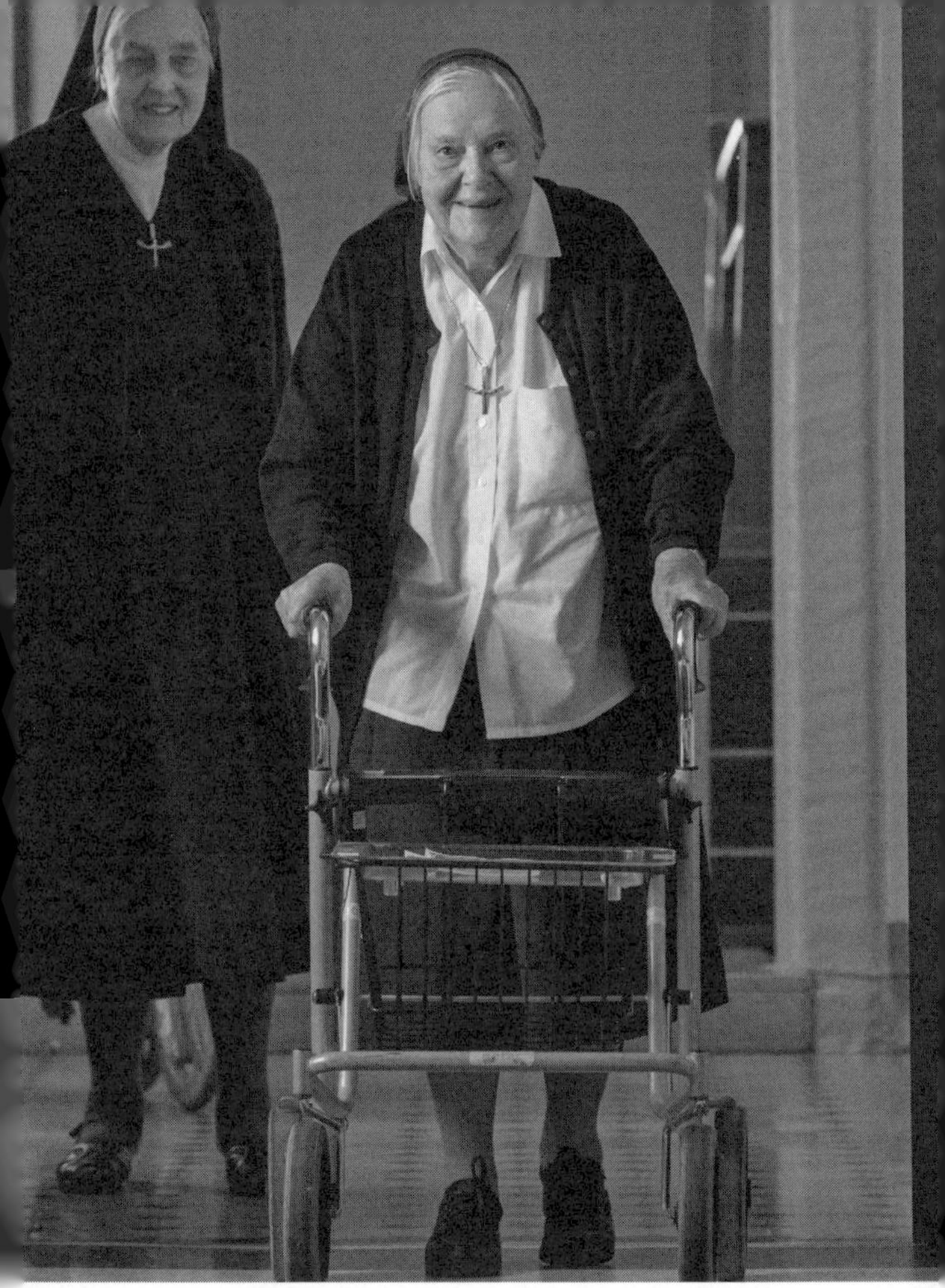

修道生活の最初のころのように、今日も、目覚め、わたしを養い、慰め、喜ばせてくれるもの、それは、いつも新しくて、いつもわたしを驚かせる神さまのみことばです。

祈りの時間、ひとり孤独になる時間の中で、イエス・キリストを知らせたい、愛したいという深い望み、歌う喜び、日々、教会の祈りの中に深く沈むという喜びがあります。それはまるで、偶然にも紡がれた絆であり、恩寵《おんちょう》のようなものなのです。

――アドリアンヌ――

わたしの不完全さにもかかわらず、わたしは、いのちの源であるイエス・キリストの唯一の神を信じる人びとの喜びを見る大きな望みを、わたしの心に秘めています。エウカリスチアの食卓で再び出会うこと、どれほど神さまから愛されているかを知ること、聖霊が人びとの一つの心に働いてくださることを見る大きな望みを、心にもっています。

―アラン―

わたしたちの創立者、アンヌ＝マリー・ジャヴエは、洗礼という恵みの価値を重んじました。

一七九八年、フランス革命の間、彼女は自分の両親と近しい人びとの前で、神に自分の人生を奉献することを選んだのです。修道女としての奉献は、洗礼による奉献を表現するものであると説明しながら……

―ドミニク―

小さな小川の土手のような沈黙と囲い。それはわたしたちにとって日々続いていく刷新と回心の忍耐強い道を可能としてくれるものなのです。

つまり、沈黙と囲いはすべてであり、いつも優先すべきことですが、主の現存のうちに、すなわち、働きに、共同体生活に、そして、わたしたちの門を叩《たた》く人びとの受け入れに「留まる」ことを促します。

あらゆることすべて、主と共にいることへの呼びかけです。わたしたたち自身が主のための空間になるためへの呼びかけなのです。一人ひとりの兄弟姉妹と出会うことができるような心の中にある確信、喜びも悲しみも、希望も期待も一緒に分かち合いながら歩むことができるような確信のうちに場所を作ることです。

もしも、主がわたしたちの心を変えてくださるなら、この世界は変わることができます。わたしたちの限界や罪によって閉じることなく、ただ、留まり続けること。貧しくなりながら、喜びをもって。「賛美の歌」のうちに、神さまの独り子の犠牲に一致して。

―クララ会 シスター―

ところで、若いあなた。奉献生活について自問しているあなた自身も、心からの寛大な「はい」を言うのに恐れることはありません。だって、受けることよりも、与えることのほうがずっと大きな喜びがあるのですから！　神さまはあなたの幸せを望んでいるのです！

―セシリア―

あなたは「主イエスと顔と顔を合わせて生きていこうか」と考えていますね。

シスターたちやブラザーたち、彼らはあなたの心の中で、あるいは共同体の中で、あなたの人生の曲がり角であなたを待っているのですね。それは何かしらすばらしいものとして、あなたに喜びを感じさせながら待っているようです。

あなたは、あなたの目の前にはっきりとした道が開かれるよう、何か、火のようなものがあなたの心を燃やすことを信じています。あなたの足跡が刻まれたその道は慎み深いものです。神さまの愛と神さまの創造される愛は一つの道しかお造りにならないのです。

あなたは与えたい、働きかけたい、そして、わかりたいのです。

あなたの手は受けるために開かれています。

あなたの瞳はすでに描かれている永遠のすぐそばにあります。

毎日、毎日が新しいプレゼントです！


―アンヌ＝フランソワーズ―

二月二日、教会は主に自らを献げるすべての修道者、修道女たちを思い起こします。

最近では、道で、修道者、修道女たちにあまり出会わなくなりましたね。彼らの奉仕についてもあまり思い出さなくなりました。かつての修道女たちは病人を看病し、子どもたちを教え、疎外された人びとを受け入れていました。今日ではもう、彼女たちは沈黙のうちに、祈りのうちに、身を引いています。いいえ、けれども、彼女たちは人びとの生活からいなくなったのではありません。彼女たちは今でも、その心の中に、昼も夜も、人びとのことを思っています。教皇フランシスコは皆さんを「年をとって引退した司祭や修道女たちの住む家に巡礼のように訪ねることを勧めています。彼らは主がご自分のみ心に招くために来られるのを孤独のうちに待っているのです。その場所はほんものの聖所です。教会のうちにわたしたちがいただいている聖性であり、また使徒的な聖所です。忘れてはなりません！　ほんものの巡礼となると思います。わたしたちキリスト者が聖性の聖域へと、このような訪問をしてみたいと思うならば」。

―マリー＝ベネディクタ―

消火器

五　喜びの生涯

ド　ミニコ会で五十年以上生きて、奉献生活と教会はたいへん深い関係にあることがはっきりとわかります。

奉献生活もなく、観想修道会もなく、修道院もなく、兄弟的共同体もなしで、教会は存在できるでしょうか？　テゼ共同体や、テゼの精神で生きる女子共同体を見て、わたしはとても感動しました。十六世紀、宗教改革は奉献生活を廃止しましたが、それによってプロテスタント教会の中にたくさんの共同体が生まれたのです。ブラザー・ロジェとシスター・ミンケの二人は、もし自分たちを主に奉献する特別な人びとを教会が当てにしなければ、教会は教会になり得ないと感じていました。

三世紀以降、砂漠の教父たちが始めた生き方である奉献生活（教父たちの中には隠遁生活を行った女性たちもいました）、つまり、ベネディクト会、シトー会における開拓者であり知恵者である数え切れないほどの修道者。他の多くの観想修道会に属した人びと。教会参事会員と呼ばれる教区の奉仕に携わる司祭たち。そして、貧しい人、病人、お年寄り、ハンセン氏病患者、子どもたちなどへの奉仕を行う多くの女子修道会。これらの存在がなければ、教会の歴史はまったく違ったものになっていたでしょう。また、近代社会におけるイエズス会、司祭修道会や宣教会についても同じことが言えます。この世界において、どれほど多くの業が彼らの信仰の善を目指して完成の道へと向かっているでしょうか！　女子修道会においても、五大陸の中で、教会が奉献生活を営む女性たちの貢献に与らなかったことはありません。そうでなければ、教会の歴史の大部分は抹消されていたのではないでしょうか。何世紀にも渡って、ヨーロッパにおいて、また宣教地において、托鉢《たくはつ》修道会が活躍して来た歴史は数え切れません。

したがって、奉献生活を生きるということは、イエスにしたがう、イエスの弟子になる、そして、教会を建てるということを意味します。ですから、最近のメディアの中で明らかにされた事件にもあるように、この生活を悪用、乱用することで奉献生活が堕落しているという悲劇的現実があることにも当然、関心を向けてしまいます。しかし、こういった出来事は、私心なく忠実さを生きた人びとの紡いだ大いなる歴史の中では、例外的な出来事だということを忘れないようにしましょう。

―アドリアン―

その人の召命に応じるということは、その人への神さまのご計画を終わることなく探すということです。その結果、深い平和と喜びが訪れます。とてもすばらしい冒険です、深く生きられたらいいと思いますよ！

―ジャクリーヌ＝マリー―

愛

徳姉妹会が企画してくれた喜びに満たされた夏休み。主イエスは、そこで、驚くべきやり方で、わたしの存在の最も深いところに呼びかけに来てくださいました……

わたしたちの夏休みを企画してくれたシスターたちは、生活をキラキラさせるようなもの、と言っても、普通のありふれたことなのだけれど、それは、わたしたちを真の喜びに満たしてくれるような賜物をもっていました。わたしは夢を見て「彼女たちのようになれたら、わたしの周りの人びとにこの喜びを広げることができるなあ」と思いました。それはわたしのうちに、不思議なちょっとショックのような気持ちを起こさせました……なぜなら、わたしはそのとき、十五歳で、自分の子どもをたくさん産んで、人間的で美しい愛にとても魅かれていた時期だったからです。この気持ちをシスターたちの一人に話したところ、彼女は、わたしのうちに芽生えた美しい夢を心の中に大切に保っておくようにというアドバイスをくれました……　このシスターがわたしの信仰を目覚めさせたのだと思います。

今、わたしは、共同体の中で親密な兄弟的生活の経験をしていますが、このような生活の質は珍しいものだと思います。共同体はまさに「小さな天国となる」と、聖ヴィンセンシオが言っているとおりです。わたしたちのところでは、「ユーモアは王さま」でもあります。年上のシスターがいただいたユーモアの賜物は信じられないくらい日常の生活を過ごしやすいものにしてくれます……　互いに支え、互いに支えられるということはある意味で力であり、どんな状況にもつきまとう試練とか、痛みとか、悲しみといったものを過ぎ越すための安らぎなのです。わたしたちは深いところで一緒にいることが喜びであり、そして、それがミッションへと及んでいます。

わたしは控えめではあるけれども、一人ひとりを親しくするような、その仕え方が大好きですし、そういうあり方はキリストに近いのです。

奉献生活を生きること。それは、キリストの終わりなき愛に抱かれて、絶対的な信頼に身をおくことです。すべては生きることです。主イエスのうちに、主イエスによって、祈ること、仕えること、歌うこと、踊ること、泣くこと、働くこと、すべて、生きることです。単純であること、それがほんとうの喜びをわたしたちにもたらします。そのようなところへ、主イエスはわたしたちを遣わされるのです。キリストの愛を輝かせるために。そして、存在の最も深い優しさから働かれる主の業を礼拝するためにだけ、立ち返ることができるように。

—カトリーヌ・ジョゼット—

自分の年を考えれば、わたしは、今、年長のシスターということになりますね。

わたしの人生がまったく生産的でなかったとしても、だからといって、人生が無用の長物というわけではありません。逆に、その人生は、教会の宣教に沿ったとても美しいものなのです。つまり、わたしたちに生きるようにと委ねられた苦難の数々、同時にそれは喜びの出来事でもあります！共同体は日常において愛を生きるアート（技術）を学ぶ最高の学校です。もしも、兄弟的な生活が喜びのときであるならば、その生活は同時に難しさというものも知っていることになります。わたしは思いやりのあるまなざしをもつよう練習しなければなりませんし、ゆるすことを、そして、ゆるされることを練習しなければなりません。一つ一つ越えること、一つ一つ勝利することは、心を平和と喜びで満たします。「主は驚くべきことをわたしになさいました。その名は聖なるみ名です！」

―ジョゼフ＝マリー―

いちばん大きな喜びはちょっと普通では考えられない方法で、しかし、最上の方法で、今日、世界ともう一度つながることができるということです。なぜなら、神さまが創造主であるようにわたしたち皆も創造的でありたいと願っているからです。

テレビでサッカーの試合を観戦するとき、わたしはサッカーチームが「勝ち」という一つの目的へと向かっていく熱狂的な姿を見てとても熱くなります。そんなとき、人間が天国に行くときというのは、おそらくこんな感じだろうと思いますよ！

―クリスティーヌ―

わたしはいくつかの小教区で司牧協力者として働く人生を喜んで生きていましたし、わたしが何かを与える以上にたくさんのものをいただきながら、さまざまな方法でイエス・キリストを宣べ伝えることができると思っていました。

今日、五十年の歳月が過ぎて、この喜び、この開き、そして、人生の中で避けることのできなかった試練の中で力を見いだすことのできたこの召命を主に感謝しています。特に、わたし自身の祈り、共同体の皆で行う祈り、わたしの姉妹たちからあたたかく受け入れられていること、わたしの家族から愛情深く支えられていること、そして、わたしが働いている小教区共同体でのご親切に感謝です。

―フランシーヌ―

ふりかえれば、わたしのうちに感謝の心が湧いてきます。イエスよ。わたしはあなたを信頼しました。あなたがわたしを裏切ったことは決してありません。わたしの人生すべてを懸けて、あなたに、ありがとうと言い、あなたを礼拝させてください。

—ナディア・マリー—

わたしの人生の喜びは、兄弟的共同体において生きる喜びと恵みを与えてくれるキリストとずっとかかわっているということ。それは、わたしにとって、自分自身から出て行って、他の人びとと出会うように向かわせてくれることです。

—アルベルティーヌ—

わたしの人生の喜びは、
父の愛する子、キリストとの生き生きとした絆に
その源がおかれています。
そして、その喜びは、日常生活で織り成される
生きた関係性に培われています。

――マリー＝ブリジット――

そうです、わたしの修道生活の喜びは
あの方、キリストです。

あの方、イエスを発見する喜びは、姉妹たちのうちに、共同体のうちに、わたしが遣わされてきたすべての人びととの出会いのうちに存在します。心から感謝します。毎日、日常的に典礼の中で捧げる過越の神秘、わたしはそれを自分の人生の中で、わたしの生きる共同体の中で深く経験します。慎ましくではありますが、わたしの人生はそれをあかししていると思います！

—クレール＝イザベル—

キリストがわたしを捕らえ、わたしのほうからもキリストを捕らえようと「走っている」ことを知っています。

子ども時代に言った「はい」があらゆるときに「幸せ」をもたらしているということを強く感じています。だから、奉献生活において信仰の歩みをしていることに自分自身とても喜んでいると言うことができると思うのです。暗闇の道があり、光の道があり、罪の道、憐みの道があり、わたしはだれに信頼をおけばいいかを知っています。それは、「教会を形づくっている聖霊の賜物」として、奉献生活のこの恵みを一緒に担っていくという熱烈な思いなのです。こういうことすべて、わたしたちから来ているわけではありません。わたしたちは神さまの恵みを受けとるだけです。そう、奉献生活に興味をもっている若い人びとにこういうことが言いたいと思います。

―マルグリット＝クリスティアーヌ―

修道生活の特徴の一つは共同体生活です。わたしたちが共同体のメンバーを選んでいるのではないのです。わたしたちは、キリストにしたがいたいというただ一つの思い、キリストの福音にしたがって生きたいというただ一つの思いによって集まってきたのです。わたしたちの兄弟、姉妹に仕えるために。

わたしたちは愛するようにと互いに学び合います。忍耐のうちに、相互の支えのうちに、違いを受け入れ、ゆるしを与え、ゆるしを受け、喜びも苦しみも分かち合いながら、常に新たにされる信頼のうちに。これは、毎日、毎日、わたしが共に生きる姉妹たちを、今日、新たに愛するという選びをすることなのです。しかし、日常の小さな、些細《ささい》な事柄において、常に、愛するということは、そんなに簡単ではありません。とはいえ、できそうな逃げ口上をするわけにはいきません。なぜなら、日に何度、祈る時間があるでしょうか。狭量さや恨み妬《ねた》みのうちに続いていたとしてもです。

修道女として、公的に、福音的勧告にしたがって、貞潔、清貧、従順を通して特別な方法で生きることを公的に約束しました。もちろんこの福音的勧告はすべての洗礼を受けた人びとにも勧告されています。

貞潔の誓願によって、あらゆる関係性を十全に生きさせてもらえます。わたしを自由にしてくれる関係性、他の人びとの自由において他者を尊敬させてくれるということ。人の問題に閉じることなく、すべての人にわたしの手を開き、差し出すこと、逃げ腰になることなく、わたしの人生の孤独な部分を喜びのうちに受け止めること。神さまはわたしを満たしてくださるのか？　答えはノーです。むしろ、わたしは、主イエスと共にいる望みをわたしのうちに大きくしてくださいと言いたいのです。

清貧の誓願は、あらゆる財産を共同におくということに特徴づけられます。自分のためだけにとっておくものは何もありません。給与だって、どんなプレゼントだって、受けた寄付金だってすべて共同体の権利に属すものですし、わたしたちが必要なときには、お願いすることができます。自分たちの余剰金はより困窮しているほかの管区を支えるために使われます。これはある種、連帯の経済なのであり、今日の社会において学ぶべきことはいろいろとあります。

従順、それは奴隷の生活になることではありません。みことば、さまざまな出来事、さまざまな出会いによってわたしたちに語りかけてこられる

主に聞くという自由な選びなのです。それは、主の姉妹たちによって照らされることであり、優先していのちへの奉仕を行うことを共に選ぶということであり、自由の道においてこのような光の中で行動を起こすことなのです。

このような生活は、葛藤《かっとう》と、新しい展開とともに、驚きの連続です。わたしは十分に愛することを知りません。けれども、ある意味、わたしのありのままを愛してくれ、これからもしたがっていくようにわたしを

招き続けてくれるイエスの福音を信じるために、わたしは十分に愚かでよいと思います。修道生活を選ぶということは、キリストのために、人間存在のために、愛の歴史と受難を思い起こすことであり、深い喜びの源泉を選ぶということでもあります。

—**アンヌ＝マリー**—

二〇一三年十二月八日（無原罪の聖マリアの祭日）、日曜日のミサで、わたしを受け入れてくれ、一年間を通してわたしの同伴をしてくれた姉妹たち、わたしの家族、わたしのすべての友人、聖テレジア教会の信徒の皆さんが一堂に会した中で、わたしたちの司教の手にわたしの生涯の貞潔を記した表明を渡しました。こうして、彼から誓願の許可をいただいたのです！

マニフィカト（わたしは主をあがめます）！

――クリスティーヌ――

主はわたしたちを招き、今日もまた、若い女性たち、青年たちを招き続けています。

修道会と何らかの接点をもつということは、若い人びとが抱く質問に何らかの答えを見いだすために、修道生活とは何なのかを発見するためにもよいことでしょう。信仰と寛容さの生活には、喜びも、痛みも、苦しみもつきものです。共同体生活のために彼らが行っていることを見るということ。キリストの呼びかけがほんとうかどうかを見極めるために司祭の助けを得て、召命のための司牧の接点をもつということ。黙想をすること。もし、その人が自分に与えられた呼びかけに応えるなら、その人は喜びを得るだろうことは明らかです。まさに、それこそわたしたちがあかしできることなのです。

―フランシスコ会シスター―

「来なさい、わたしにしたがいなさい！」
一人ひとりが成長するために奉仕するわたしたちの
創立者に与えた教育の使命を行うことを通して
キリストに招かれる喜びと感謝。

―ジョジアーヌ―

わたしの人生最大の喜びは、教会において、
子どもたち、青年たち、カテキスタの人びとのそばで、
教育的なミッションのうちに、わたしの主に自分自身を
すべて献げることです。

―ブリジット―

出会うこと、特に、教育の中での出会うこと、
そして、友情関係を築くこと。
これはわたしにとって、わたしの人生を喜びとする
神さまからのプレゼントなのです。

―アンヌ＝フランソワーズ―

キリストと一つになること。それは、貧しい人びと、
特に、尊厳をないがしろにされた女性たちが
愛されたと感じ、価値ある人間とされ、
立ち上がっていくのを見つめることでもあります。
これこそ、わたしの喜びです。

―セシル＝テレーズ―

人生をイエス・キリストに献げるということは
ラディカルな従順を意味します。
愛と喜びのうちに、自分自身のため、そして、

その人の使命のための従順なのです。

――マリー＝カルメラ――

混迷の恵みから、継続の恵みへ

修道生活とは？　修道生活は簡素で普通の生活です。つまり、ある一つの世界、すべてが効果的で利益にならなければいけないような世界とはっきりと距離をとるという生活です。わたしたちの生活の中心はイエス・キリストです。わたしたち人間は一人ひとり、自分の貧しさ、高貴さ、脆さ、そして愛の強さでできています。

子ども時代、あるいは思春期の時代も、わたしは、「よい信仰者」と言

われる人びとからの不正義や軽蔑を受ける状態におかれていました。無意識に、こういった出来事は、神について、信仰と行為の一貫性について、わたしの探求心をあおりました。しかし、青年グループを組織していた若者や司祭のおかげで、イエス・キリストはわたしにとって「何者かである」、つまり、わたしの存在にとっての真の現存となりました。それ以来、かつて知らない喜びがわたしのうちに宿ってきました。

一九七八年、二十二歳のときでした。わたしは観想修道会に入りました。ある種の跳躍、理想に燃えていました。若かったのだと思います。

わたしは簡単なものを選ばなかったとか、共同体生活は学校だという経験もありませんでしたし、たとえそういったことを知っていたとしても無駄だったでしょう。愛し合っている人たちは皆そうですが、盲目だから飛び込めるのです。今日、修道生活というものが、わたしたち人間の条件なしにはあり得ないということをほんとうの意味で納得します。修道生活の養成期間は内なる「津波」にあおられるときです。ジェラシー、ライバル心、愛されないことへの恐れ、こういった感情はまったく経験したことのないような痛みを露《あら》わにしながら嵐を呼び起こします。わたしは天上から何度も落ちましたよ……！　自分自身についての真実さは、他者がわたしに見せてくれる何かを通して明らかにされるものです。わたしを同伴してくれた責任者への信頼感だけが荒波を過ぎ越させてくれ、成長させてくれました。神さまは思いやりのあるすべての存在を通して受肉されます。

終生誓願のとき、イザヤの次のことばがふさわしいと思い、書き留めました。「あなたの神はあなたの美しさ、あなたの永遠の光」。三十年後、同じ望みがわたしのうちに住まっています。わたしの人生が神さまの成長と美しさとして何かを語ることができますように、と。

もしも人生をやり直すことができるなら？　時々、自問自答します。

もちろん、同じです！　やり直すことができたとしても、わたしは同じ選びをします。でも、信じてください、犠牲の精神でそういうことを言っているのではないのです。人間的にも、霊的にも、まったく後悔していないのです。その逆です。心から感謝しています。神さまはわたしの喜びです。わたしの存在全体を表層的なものにしようとするうねりの高い波にもまったく動揺しない平和で深みのある喜びです。

疑いが引き起こされ、疲労に苛まれるときがあります。確かにそれはあります。福音記者ヨハネがイエスの口に語らせたことばを何度も繰り返し言います。「あなたがわたしを選んだのではない。わたしがあなたを選んだ。あなたが出かけて行って実を結び、その実が残るようにと」。だから、わたしのまなざしを主に向けます。わたしのおヘソを見るのではなく。わたしの見つめる方向がイエスにしたがっていくよい方向性であるように。主イエスは「道であり、真理であり、いのちである」からです。

——コレット——

——感謝の賛歌——

ジャン・ヴァニエ

戦争の恐怖、暴力や虐殺のことを知るとき、わたしは感謝します。なぜなら、暗闇の沈黙の中で、修道者や修道女らが平和の神のグロリアを歌っているから……

コルカタの道、あるいは、パリを歩いているとき、ひどく疎外されている人びとのそばにいつも存在している神の愛の宣教者会のブラザーやシスターたちを見ながら、わたしは感謝します。

一日の仕事を終え、疲れ切っている人びとで満員の電車の中で、教会の祈りを穏やかに、喜びながら読んでいるシスターたちを見ながら、わたしは感謝します。

シカゴの、暴力の多いある地域にいるとき、小さき姉妹会のシスターたちがイエスの福音を生き、告げ知らせてくださるのを見ながら、わたしは感謝します。

パリの路上で、自らの体を売っている女性たちや、ホームレスの人びとを見るとき、真のいのちを彼らに示すために彼らに出会っている奉献生活者たちの存在ゆえに、わたしは感謝します。

刑務所を訪問するとき、拘留された人びとの話を聞き、彼らを支えるために時間を割いている司祭や奉献生活者たちの存在ゆえに、わたしは感謝します。

わたしは喜びます。洗礼によってわたしたちは皆、神に奉献した者であるということを思い出させてくれる人びと、奉献された男性、女性の存在ゆえに、わたしは喜んでいます。

彼らはわたしたちに見える一つの方法で優しくて心の謙遜なイエスの現存を明らかに示してくれます。罪と、暴力と、無感動と、憎しみと、恐れと、そして、無関心によって傷つけられたこの世界において、彼らはイエスを示してくれるのです。

ジャン・ヴァニエ

あとがき

二〇一六年二月下旬、わたしは、日本カトリック司教協議会会長（当時）岡田武夫大司教様の代理として、高山右近の列福式の具体的な打ち合わせのため教皇庁列聖省長官アマート枢機卿様を訪ねました。その折、宿舎のサンタ・マルタの食堂で、食事のため数名のグループが座っている席に加わりました。スイス人の司祭、修道女、信徒の方々でした。それぞれ自己紹介をした後すぐにシスター（ウルスラ修道会）が、フランス語版の本書を差し出して、「日本で翻訳出版してはいかがでしょうか？」と言いました。見ると、奉献生活者の写真と証しのことばを〝軽妙に〟編集した小さな本でした。突然のことでしたが、日本でも召命促進に役立つかもしれないと思い、「検討してみます」と応えました。

帰国後、日本女子修道会総長管区長会に、できれば翻訳出版していただきたい、とお願いしました。種々の困難を克服した末、この度出版されることになりました。大変うれしく思うと同時に、翻訳の労をとってくださったシスター原敬子をはじめ、日本語版の編集に携わってくださった方々に深く感謝を申し上げます。

ここに収められた奉献生活者の〝生の〟写真や証しを通して、神様の呼びかけを聴く人が一人でも多く生まれるようにと祈ります。

二〇一九年四月八日

日本カトリック司教協議会会長　カトリック長崎大司教　ヨセフ 髙見 三明

附録

日本の修道会・宣教会一覧（50音順）

†男子修道会・宣教会

愛徳修道士会
アトンメントのフランシスコ会
イエズス会
イエズス・マリアの聖心会
イエスの小さい兄弟会
エスコラピオス修道会
オブレート会（聖母献身宣教会）
カプチン・フランシスコ修道会
神の愛の宣教者会
カルメル修道会（男子跣足カルメル修道会）
キリスト教教育修士会
グアダルペ宣教会
クラレチアン宣教会
ケベック外国宣教会
厳律シトー会（トラピスト）
御受難修道会
コンベンツアル聖フランシスコ修道会
サレジオ修道会
サン・スルピス司祭会
淳心会

神言修道会
スカラブリニ宣教会
スペイン外国宣教会
聖アウグスチノ修道会
聖ヴィアトール修道会
聖コロンバン会
聖ザベリオ宣教会
聖パウロ修道会
聖ビンセンシオの宣教会
聖ペトロ・パウロ労働宣教会
聖ヨハネ病院修道会
ドミニコ会
パリ外国宣教会
フィリピン宣教会
福音の小さい兄弟会
フランシスコ会
ベトレヘム外国宣教会
ボアノヴァ宣教会
マリア会
マリスト教育修道士会
聖心布教会
ミラノ外国宣教会
メリノール宣教会
ラ・サール会（キリスト教学校修士会）
レデンプトール会

†女子修道会・宣教会

愛徳カルメル修道会
愛の十字架修道会
アシジの聖フランシスコ宣教修道女会
アトンメントのフランシスコ女子修道会
イエズス孝女会
イエズス聖心侍女会
イエスのカリタス修道女会
イエスの小さい姉妹の友愛会
いつくしみの聖母会
援助在俗会
援助修道会
援助マリア修道会
王たるキリストの在俗布教会
大阪聖ヨゼフ宣教修道女会
幼きイエス会（ニコラ・バレ）
幼き聖マリア修道会
オタワ愛徳修道女会
お告げのフランシスコ姉妹会
お告げのマリア修道会
オブレート・ノートルダム修道女会
聖血礼拝修道会
カトリック愛苦会
カノッサ修道女会
神の愛の宣教者会
神の御摂理修道女会
カルメル修道会（女子跣足カルメル修道会）
カルメル宣教修道女会
カロンデレットの聖ヨゼフ修道会
キリスト・イエズスの宣教会
クリスト・ロア宣教修道女会
けがれなき聖母の騎士聖フランシスコ修道女会
汚れなきマリア修道会

汚れなきマリアのクラレチアン宣教修道女会
ケベック・カリタス修道女会
厳律シトー会（トラピスチン）
御受難修道女会
御聖体の宣教クララ修道会
コングレガシオン・ド・ノートルダム修道会
サレジアン・シスターズ（扶助者聖母会）
三位一体の聖体宣教女会
師イエズス修道女会
シャルトル聖パウロ修道女会
十字架のイエス・ベネディクト修道会
守護の天使の姉妹修道会
殉教者聖ゲオルギオのフランシスコ修道会
純心聖母会
ショファイユの幼きイエズス修道会
スピノラ修道女会
聖ヴィアンネ会
聖ウルスラ修道会
聖クララ会
聖心会
聖心侍女修道会
聖体奉仕会
聖ドミニコ女子修道会
聖ドミニコ宣教修道女会
聖パウロ女子修道会
聖ビンセンシオ・ア・パウロの愛徳姉妹会
聖フランシスコ病院修道女会
聖ベネディクト女子修道院
聖ベルナルド女子修道会
聖母被昇天修道会（S.A.S.V）
聖母被昇天修道会（R.A.）
聖母奉献修道会
聖母訪問会
聖マリア・アンヌンチアータ会

聖マリア在俗会
聖マリア修道女会
聖マリアの汚れなき御心のフランシスコ姉妹会
聖マリアの無原罪教育宣教修道会
聖ヨゼフ修道会
聖霊奉侍布教修道女会（聖霊会）
天使の聖母宣教修道女会
ドミニコ会
ナミュール・ノートルダム修道女会
ヌヴェール愛徳修道会
ノートルダム教育修道女会
ノートルダム・ド・ヴィ（いのちの聖母会）
パリミッション女子会
福音史家聖ヨハネ布教修道会
福音の光修道会
ベタニア修道女会
ベリス・メルセス宣教修道女会
ポルティユの御摂理修道女会
マリアの汚れなき御心修道会
マリアの宣教者フランシスコ修道会
マリアの御心会
マリアの娘エスコラピアス修道女会
マリア布教修道女会
聖心のウルスラ宣教女修道会
聖心の聖母会
聖心の布教姉妹会
無原罪聖母宣教女会
無原罪の聖母フランシスコ姉妹会
メリノール女子修道会
善きサマリア人修道会
善き牧者の愛徳聖母修道会
礼拝会
レデンプトール宣教修道女会
レデンプトリスチン修道会

編　者　「奉献生活」編纂委員会 Association Édition « La Vie Consacrée »

編訳者　原 敬子　はら・けいこ
援助修道会修道女。上智大学神学部神学科准教授。

写真／
Jean-Claude Gadmer
濱崎 紘大〔カトリック城山教会信徒〕（カバー、上から3枚目、p.97）
関谷 義樹（カバー、上から1枚目、p.26, 80, 102, 132-133, 134, 204-205）

本書は2019年5月に、日本カトリック管区長協議会・日本女子修道会総長管区長会より出版されました。

愛《あい》と喜《よろこ》びに生《い》きる　奉献生活者《ほうけんせいかつしゃ》たちのあかし

2020年1月1日　初版発行

編　者　「奉献生活」編纂委員会
編訳者　原 敬子
発行者　関谷 義樹
発行所　ドン・ボスコ社
〒160-0004　東京都新宿区四谷1-9-7
TEL 03-3351-7041　FAX 03-3351-5430
印刷所　三美印刷株式会社

ISBN978-4-88626-660-6 C0116
（乱丁・落丁はお取替えいたします）